教育経営学入門
保育士養成・幼稚園教諭教職課程

吉田直哉

はじめに

　本書は、教職、特に幼児教育・保育職を目指す大学・短期大学・専門学校の学生が、教職課程において習得するべき教育（学校、学級）の制度と、それに基づく経営に関する基礎的知識について解説するものである。主たる読者として、初学者を想定しているため、前提知識は必要ない。授業の受講と並行して読み進めていくことを想定したテキストではあるが、解説がなくとも本書単独で読み進められる、リーダブルな記述を心掛けたつもりである。執筆に当たっては、教育制度論、教職概論に類する科目のテキスト、サブテキストとしてだけではなく、教員採用試験、公務員採用試験の対策用の参考書としても活用できるよう配慮している。

　本書のタイトルにある「教育経営学」とは、戦後 70 年以上にわたって蓄積されてきた教育行政学、教育法学、学校経営論の知見を総合した、教育の制度的側面を明らかにする言説である。「教育経営学」を名称に冠する学会として、1958 年に発足した日本教育経営学会が存在している。同学会が、戦後高度成長期の社会変動、およびそれに連動する教育環境の変容を捉える必要性から創立された経緯、および現在においても、同学会が大学等に所属する教育経営学を専攻する研究者のみならず、学校現場で教育経営実践に携わる教員・事務職員、生涯学習・社会教育に取り組む

様々な実践者、教育委員会において教育行政に携わる指導主事・教育長など多様なプロフィールを有する会員から構成され、教育経営をめぐる多彩な議論の場となっていることからも、「教育経営学」の越境性・多様性を窺い知ることができるであろう。

「教育経営学」という本書のタイトルの語を目にした読者の中には、「経営」と「教育」という言葉は、互いになじまないのではないかと感じた者もいるかもしれない。しかし、「経営」とは、単に営利を目的とする企業体のみに当てはまる概念ではない。本書では、経営（マネジメントmanagement）を、次のような営みとして定義したい。「事業目的を達成するために、継続的・計画的に意思決定を行って実行に移し、事業を管理・遂行すること」。つまり、「経営」とは、ある「事業」を行うことを試み、その事業を、結果として「成功」に導こうと思えば、どんな組織、行為にも当てはまる概念なのである。最近では、スポーツ分野にもマネジメントの概念が取り入れられ、組織でなくても、「アンガー・マネジメント」（怒りの感情のコントロール）のように、個人の思考や行動を、「目的」に順調に到達できるよう変容・保持させることにも、マネジメント、すなわち経営の概念が取り入れられるようになっている。

当然のことながら、「教育」も、一定の目的を持ち、その目的を達成するために、計画を立案して実行する営みである。それゆえ、教育目的・目標を達成しようとするのであれば、教育のマネジメント、経営の方法を検討することは有益だろう。ただ、本書で説明していくように、教育経営

は、実際の教育活動を行う学校や教師のレベルと、それを取り巻く行政のレベルの間でそれぞれ行われ、それらが複合して教育の営みを方向づけていく重層的な営みである。つまり、教育経営は、「教育行政」と深い関わりを持ちつつ行われる。教育行政は、エデュケーショナル・アドミニストレーション educational administration の訳語として知られる。接頭辞「ad」は、「〜へ向かう」の意味をもち、「ministration」は「奉仕」の意味をもつ。言いかえれば、エデュケーショナル・アドミニストレーションとは、「教育へ奉仕する条件整備の営み」という意味である。このように定義すれば、条件を整備される側の教育は、教育行政とは区別される営みということになり、教育行政と教育の間には一定の質的な相違があるということになる。

　そのような条件整備とは異なる、教育の内的な実践に関わる「教育経営」は、「学級、学校、地方自治体など教育活動の単位組織体を、教育目標追求の立場から最も効果的に機能するよう運営していく活動およびその過程」と定義することができる。当然のことながら、この意味での教育経営には、組織体の内部における人間関係、組織体としての意思決定の手順、外部の諸組織との関係、教育実践や教育の場をめぐる環境諸条件の取扱いなど具体的な活動に関連する多様な問題・課題が含まれる。言いかえれば、教育経営とは、「教育組織が、その教育目的を達成するために、人的・物的・財的諸条件、および教育内容・方法の条件を整備すること」なのである。言ってみれば、教育のマネジメントの前提条件整備に関与するのが教育のアドミニスト

レーションであり、アドミニストレーションはマネジメントの助成作用を果たしているということになる。

　他方、保育学の分野において、保育経営に関する研究は低調な時代が長く続いてきた。ところが、2017年より、保育士の待遇改善と専門性の向上を目的として新設された「保育士等キャリアアップ研修」の制度において、「マネジメント」が研修分野の一つとして設定されたことをきっかけとして、保育経営に関する議論が活発化してきた。従来、保育学分野においては、保育所における管理職の役割、リーダーシップについての研究や議論は少なかった。このことは、隣接する社会福祉学の分野において経営論が深められてきたことと対照的である。そのような事情ゆえに、保育者の専門性としての組織マネジメント能力については、養成段階においても、現職に就いてからの研修の段階においても取り上げられることが少なく、いわば等閑視されてきた。そのような現状を改善するために、キャリアアップ研修の一分野として「マネジメント」が導入されたのである。キャリアアップ研修の「マネジメント」においては、ある程度経験年数の長い副主任クラスの保育士（経験年数7年程度）が、若手の保育士を育成・支援し、保育所における職員間の連携・チーム保育を実現するための基本的な理論が紹介されることになる。保育におけるマネジメントは、単なる労務管理に留まらず、カリキュラム・マネジメントを包括する実践的機能も有する。保育施設内というミクロレベルではあるが、経営的視点が導入されたことは意義深い。今後、ミクロレベル、メゾレベル、さらにマクロレベ

ルの経営的視点を、保育士養成課程のカリキュラムにどのように組み込んでいくかが検討されていくことになる。現在における保育マネジメント論は、一般的な企業マネジメント論の直訳的な導入か、著名な園経営者の個人的な経営回顧談のいずれかに偏っており、保育施設、あるいは保育行政に特化したマネジメント論の構築は、令和を迎えてようやく緒に就いたばかりだといわざるをえない。本書は、読者として、保育者養成課程の履修者をも想定しているから、保育制度、保育経営にも目配りした記述がなされている。この点は、教育経営に関する類書と比較した場合の、本書の特徴といえるだろう。

　保育学においては、経営的視点が弱かったため、「保育行政学」は未確立のままである。それゆえ、保育学と、教育行政学は緊密な関わりを保ってきたとはいえない。従来の教育行政学における議論では、教育経営が、「学校」経営の問題に限定され、狭く捉えられる傾向があった。この点は、現在の保育マネジメント論が、保育所という組織運営のレベルに限定されていることと似ている。ところが、2000年以降は特に、個々の学校を単位として見るような教育経営は、「閉ざされた学校経営」として批判にさらされてきた。2017年改訂の学習指導要領の鍵概念の一つが「社会に開かれた教育課程」であることから知られるように、2000年代以降の教育経営改革の動きは、学校経営を、教育課程の立案・実施も含めて、いかに地域社会、ひいては国際社会に開いていくか、という関心によってリードされてきたといえる。地域を社会資源として教育へ導入していくという方

針は、幼児教育、保育の分野においても共通している。例えば、保育所に、地域における子育て支援センター的機能を求め、保育所が地域に開かれた社会資源であることを求める動向は、上記の学校経営の議論と同型であるといえるだろう。

それでは、閉鎖的かつ自己準拠的であったと批判的にみられてきた学校経営を乗り越えようとする現在、教育経営学の課題はどのように認識されているのだろうか。それは、生涯学習の視点に立ち、地域を含む社会のあらゆる教育機能と関連させた、総合的な学校経営のあり方をデザインすることである。それは、地域を含む新しい教育経営のシステムを構想することであるともいえる。生涯学習社会の理念とは、1980年代の臨時教育審議会答申以降、広く知られるようになったもので、市民の誰もがいつでも・どこでも学習することができ、また、学習成果を生かすことのできる社会を構想することであり、学校においてだけではなく、子ども期だけに限定されない学びを実現することを目指している。このことから、生涯学習の視点は、「地域に開かれた教育経営」を議論するときには必須といえる。

幼稚園・保育所を始めとする幼児教育も同様に、生涯学習の一環として位置づけなおす試みが進められている。このことは、1990年代以降、幼稚園・保育所において、「子育て支援」を目的とした地域との連携の取り組みが進められてきたことと軌を一にしているといえる。教育を地域へ、そして社会へと「開く」という発想の背景には、教育そのものの時間的・空間的、ひいては機能的な普遍化の進行と

いう事態がある。

　今日の日本の学校教育制度は、法律によって、その骨格が定められている。保育制度もその例外ではない。そのため、教職を志す者、保育職を志す者が学校教育制度を理解しようとすれば、教育法規（法令）の理解を避けて通ることはできない。教員採用試験、公立保育士採用試験のための勉強をするときだけでなく、教職・保育職についてからも、折に触れて、最新の『教育小六法』（学陽書房）をひもとき、近年、ますます頻繁に改正されている教育法規の現状について、学び続けていく必要がある。なお、法規は、デジタル庁の法令検索・閲覧システムである e-Gov 法令検索でも、誰でも無料で見ることができる（https://elaws.e-gov.go.jp/）。

　なお、重要な教育法規は、文部科学省の公式サイトでも、誰でも無料で閲覧することができるから、随時参照してほしい（http://www.mext.go.jp/）。特に、本文中では内容を詳細に扱えなかった、各学校の学習指導要領とその解説も、全文無料で読むことができる（https://www.mext.go.jp/a_menu/shotou/new-cs/1384661.htm）。

　教育統計情報については、毎年度の文部科学統計要覧が、文部科学省のサイトで公開されている（https://www.mext.go.jp/b_menu/toukei/002/002b/koumoku.html）。

　加えて、馴染みのない教育用語に出会った場合は、教育学関連の専門辞典を座右に置いて、折に触れて引くことを習慣にしてほしい。インターネット上で公開されている情報も充実はしてきているが、その信頼性は未だ冊子として

刊行されている書籍には到底及ばないのが現実である。本書の末尾にある参考文献一覧に、比較的安価で手に入れやすいいくつかの教育学の専門辞典を掲載しているので、図書館のレファレンスルームや、大手の書店などで実際に手に取ってもらいたい。

　章の末尾には、各章の内容に関する学習課題、および各章に登場した重要ワードを登場順に列挙したリストを掲載している。復習の時などに活用してほしい。リストに挙げたワードは、本文での初出時に太字で表記している。

　本書に掲載されている図版はいずれも、文部科学省のサイトに掲載されている図版等を参考にし、著者が作成したものであることを付記する。

著者識

Contents

はじめに……………………………………………………………1

第1章　教育法規が定める学校教育制度……………13
　1．教育法規の体系　14
　2．義務教育（普通教育）の基本原則　18
　3．学校の法的性格　24
　4．中央教育行政組織　31
　5．地方教育行政組織　36
　第1章の学習課題　40
　第1章の重要ワード（登場順）　41

第2章　学校教育の制度と経営………………………43
　1．戦後日本の教育行政の基本原理　44
　2．学校教育の体系　46
　3．学校の種類　49
　4．学校の組織と経営　52
　5．学級の組織と運営　60
　6．カリキュラム基準の変遷　67
　第2章の学習課題　76
　第2章の重要ワード（登場順）　77

第3章　教員の職務とそれを支える制度……………79
　1．専門職としての教員　80

2．教育公務員としての義務　89
　3．教員の給与・勤務　92
　4．学校組織の特色とその変化　96
　第3章の学習課題　100
　第3章の重要ワード（登場順）　101

付　録 ……………………………………………………… 102
　教育基本法　102

参考文献リスト ………………………………………… 109

おわりに ………………………………………………… 111

著者略歴 ………………………………………………… 116

戦後教育史略年表

1946	日本国憲法公布
1947	教育基本法
	学校教育法
	学習指導要領（試案）
1948	教育委員会法
1949	社会教育法
	私立学校法
1952	中央教育審議会設置
1954	教育二法
1956	地方教育行政法
1958	学習指導要領告示化
1964	教科書無償措置法
1968	学習指導要領改訂（教育内容の現代化）
1977	学習指導要領改訂（教育内容の精選）
1984	臨時教育審議会設置
1989	学習指導要領改訂（新学力観）
1998	学習指導要領改訂（ゆとり教育）
2006	教育基本法改正
2008	学習指導要領改訂（脱ゆとり教育）
2017	学習指導要領改訂（主体的・対話的で深い学び）

山住正己『日本教育小史：近・現代』岩波書店、1987年
などを参考に著者作成

第1章

教育法規が定める
学校教育制度

1. 教育法規の体系

図1-1　法規の階層性

　本章では、教職課程において身につけておくべき教育法規（法令）の基本的な知識を解説する。日本の学校教育は、教育法規（国会が定める法律、政府が定める政令、各省庁が定める省令、各自治体が定める条例など）に則って運営されている。特に、今日の日本の学校教育制度の根幹は、国家レベルにおいて制定される法律によって、その骨格が定められている。これを、**法律主義の原則**という。そのため、教育の経営について理解しようとするものは、法律をはじめとする教育法規について、正確な知識を持っていなければならない。校種を問わず、教職を目指す者は、自らの職場となる学校について、十二分に理解していなければならないのは当然である。自らの職場である学校を理解するということは、その学校を支えている教育法規を理解するということである。なお、本書で法規（法令）とは、上記の憲法、法律、政令、省令、条例を包括した呼称である。

　さて、戦前の明治憲法（大日本帝国憲法、1889年発布）の下では、教育制度の決定は天皇大権とされ、天皇が制定

する勅令によって定められていた。勅令は、帝国議会の協賛を経ず制定される命令である。勅令によって教育制度を規定することを、勅令主義という。これは、教育制度のあり方が、国民によるコントロールの範囲外にあったことを意味している（戦前の衆議院議員も、国民による直接選挙で選ばれていたが、衆議院は勅令の制定過程に一切関与できなかった）。これに対して、アジア・太平洋戦争の敗戦（1945年）後、教育制度が、唯一の立法機関である国会における審議を経た法律によって規定されるよう、大きな改革が行われた。戦後になって初めて、教育に対する法の支配が貫徹され、教育制度に対して、主権者である国民による間接民主主義的な統制が行われるようになったのである。

今日の学校教育を規定している法令には、階層性がある（図1-1）。上位の法令では、簡潔かつ理念的な規定がなされ、下位の法令では、より詳細かつ具体的な規定がなされる。例えば、国会による立法手続きを経た教育基本法・学校教育法があり、その委任のもとに、内閣による政令である学校教育法施行令、文部科学省の省令である学校教育法施行規則、そのもとに、文部科学大臣告示としての学習指導要領が定められている、というようにである。

さらに、国内法の上位には、教育・児童関係の国際条約が存在している。代表的な子ども関係の国際条約としては、1989年に国連総会で採択され、1994年に日本も批准した、**子どもの権利条約（児童の権利条約）**があげられる。子どもの権利条約は、子どもを、受動的・客体的な保護の対象としてではなく、能動的な権利の主体として位置づけなお

している。同条約では、主体としての子どもの権利として、表現の権利、意見表明権、国籍を持つ権利の保障が規定されている。本条約の発効後、国内では本条約に適合するよう、国内法の改正・整備が進められた。なお、条約は、批准されたのち、憲法に定める公布の手続きを経て、国内法として効力が発生する。憲法第98条2項は、締結された条約について誠実に遵守(じゅんしゅ)する義務を規定している。

国内の教育法規のうち、最高位に置かれるものが、**教育基本法**である。教育基本法は、日本国憲法（1946年公布、翌年施行）の精神に則り、1947年に制定された。そののち、2006年に改正が行われている（現行の教育基本法全文は巻末に掲載）。教育基本法は、**日本国憲法**と補完的な関係にあると考えられ、「教育憲法」とも称されるなど、「準憲法」的な性格を持つとされてきた。このことは、戦前のように、政府によって、教育に対する過剰な介入がなされないよう、教育基本法が教育行政の作用を制限しているということである。改正前の教育基本法はわずか11条、改正後の基本法も18条からなる短いもので、理念法としての性格を持っている。

旧教育基本法は、その第1条において、教育の目的を次のように示していた。

> 教育は、人格の完成をめざし、平和的な国家及び社会の形成者として、真理と正義を愛し、個人の価値をたつとび、勤労と責任を重んじ、自主的精神に充ちた心身ともに健康な国民の形成を期して行われなければならない。

ここで、教育の究極的な目的は、「人格の完成」、すなわち、個人の備えるあらゆる能力を、可能な限り、全面的・調和的に発展させることにあるとされている。ここでは、教育という営みが、単なる知識の獲得や技能の習得を目指すものではなく、人間性の涵養も含む、総合的かつ包括的な営みであるべきだという理念が示されている。

　2006年に改正された教育基本法の第1条の条文も掲げておこう。「真理と正義を愛し、個人の価値をたつとび、勤労と責任を重んじ、自主的精神に充ちた」の文言が削除され、短くなってはいるものの、「人格の完成」を教育の目的とするという理念自体には変化はない。

> 教育は、人格の完成を目指し、平和で民主的な国家及び社会の形成者として必要な資質を備えた心身ともに健康な国民の育成を期して行われなければならない。

　なお、2006年改正教育基本法においては、第10条第1項において、保護者が子どもの教育について第一義的責任を有することを明記している。同条第2項では、「国及び地方公共団体は、家庭教育の自主性を尊重しつつ、保護者に対する学習の機会及び情報の提供その他の家庭教育を支援するために必要な施策を講ずるよう努めなければならない」とし、国は家庭教育を尊重しながら、それに対する支援を行う努力義務を有することが規定されている。

２．義務教育（普通教育）の基本原則

　日本国憲法において唯一、教育に直接的に関係する条文は、第26条である。同条は、教育に関して、次のように言及している。

　　すべて国民は、法律の定めるところにより、その能力に応じて、ひとしく教育を受ける権利を有する。
　　２　すべて国民は、法律の定めるところにより、その保護する子女に普通教育を受けさせる義務を負ふ。義務教育は、これを無償とする。

　ここでは、教育、特に普通教育に関して、いくつかの原則が示されている。第1項では、国民の教育を受ける権利、教育の機会均等の原則が示されている。続いて、第2項では、普通教育を受けさせる義務（義務教育の原則）、および、義務教育の無償の原則を規定している。国民の教育を受ける権利は、憲法学では社会権の一種とされる。すなわち、国民の教育を受ける権利を保障するため、国家にはその機会を実現する義務があり、国民にはその義務の履行を求める権利があると考えられている。

　憲法の規定を受け、教育基本法においては、公教育（普通教育）に関するいくつかの原則が、より具体的に掲げられている。憲法第26条の条文における「法律の定めるところにより」というときの「法律」とは、憲法の公布以後に施行された、教育基本法や学校教育法などの、一連の教育法規のことを意味している。1946年の憲法公布時には、

教育基本法以下、教育関連の重要な法律は未公布であった（教育基本法の公布・施行は翌 1947 年）。憲法の主旨に基づき、教育の具体的なあり方は法律によって規定されるという法律主義の原則が示されている。

　教育基本法では、教育の機会均等、義務教育とその授業料の無償、男女共学、公教育の政治的・宗教的中立性などが、普通教育の基本原則として規定された。以下では、教育の機会均等の原則、義務教育の無償の原則、公教育の政治的・宗教的中立性の原則、という三つの原則を、順にみていくことにしよう。

1）教育の機会均等の原則

　教育基本法第 4 条では、すべての国民が、「ひとしく、その能力に応じた教育を受ける機会」を保障されるべきとしている。さらに、人種、信条、性別、社会的身分、経済的地位、門地（家柄）によって、教育上の差別を被ってはならないことを定めている。この原則を、**教育の機会均等の原則**という。

　「義務教育」というときの「義務」とは、保護者等にとっての義務である。保護者等が、この義務を履行せず、教育委員会から履行の督促を受けたにも関わらず、これを怠った場合、10 万円以下の罰金が科せられる（学校教育法第 144 条）。教育基本法 10 条は、「父母その他の保護者は、子の教育について第一義的責任を有する」とし、民法 820 条は、「親権を行う者は、子の利益のために子の監護及び教育をする権利を有し、義務を負う」として、保護者等の監護

権・教育権を認めているが、これらの権利を濫用することは許されない。民法における親権とは、未成年の子を養育する親が有する権利、義務である。具体的には身上監護権と財産管理権とに分けられる。身上監護権は、居所指定権や職業許可権からなる。財産管理権は、子の財産を管理し、子の代わりに法律行為（契約など）をする権限である。

教育を受ける権利（憲法第26条）は、あくまで国民としての子どもの権利であり、保護者等、及び、国または地方公共団体には、この子どもの権利を保障する義務を負うのである。

なお、子どもの就学の権利を保障するため、過剰な児童労働は労働基準法、学校教育法によって禁止されている。労働基準法では、児童労働が原則禁止される（15歳以下は、就学時間を通算して、1週間当たり40時間以上、1日当たり7時間以上労働させてはならない（労働基準法第56条2項）。13歳に満たない者の就労については、児童の福祉を侵害するとして、映画の製作、演劇の事業の労働（子役など）を修学時間外にさせることを除いて禁止されている。13～15歳は、新聞配達などの軽微な労働なら可（労働基準監督署長の許可が必要）とされ、中学校卒業年齢以降のみを適法な労働者として認めている）。学校教育法第20条は、「学齢児童又は学齢生徒を使用する者は、その使用によって、当該学齢児童又は学齢生徒が、義務教育を受けることを妨げてはならない」としている。

教育基本法第4条3項では、経済的理由によって就学が困難なものに対して、「奨学の措置」を講じる義務を、国及

び地方公共団体に課している。これを受けて、学校教育法第19条では、経済的理由によって就学困難となっている学齢児童、保護者に対して必要な援助を行うことを、市区町村に義務付けている。生活保護を受けている困窮家庭（世帯年収が156万円以下）には、学用品等の費用、学校給食費に充当する教育扶助が与えられる。さらに、困窮家庭に準ずると市区町村教育委員会が認めた家庭の児童・生徒には、学用品費、通学のための交通費、修学旅行費などが給付される（就学援助。就学困難な児童及び生徒に係る就学奨励についての国の援助に関する法律）。就学援助は、世帯人数が2人の場合は年間収入がおよそ440万円以下、3人の場合は年間収入がおよそ510万円以下の場合に給付される。就学援助率は、2020年度は14.4%であり、近年は緩やかに減少している。

　さらに、教育基本法第5条4項では、国、地方自治体に対して、義務教育の機会を保障し、その水準を確保するための責任を共同して負うことを定めている。

　教育の機会均等の原則を実現するため、地方公共団体は、小学校、および中学校を設置する義務を負う。小学校に関しては、「市町村は、その区域内にある学齢児童を就学させるために必要な小学校を設置しなければならない」（学校教育法第38条）と規定され、この規定は、中学校にも準用される（同第49条）。

　学校に関わる経費は、その設置者が負担しなければならない（学校教育法第5条、**設置者負担主義の原則**）。設置者とは、例えば、公立小中学校の場合は市区町村の教育委員

会であり、私立小中学校の場合は、その学校法人である。さらに、経費の負担に加えて、学校の経営管理を行うのも設置者であるとされる（学校教育法第5条、**設置者管理主義の原則**）。

　なお、日本における私立学校の割合は、幼稚園が6割強、大学が7割強、専修学校が9割強を占める一方、小学校は1％程度、中学校は7％程度にとどまっている（高校は3割弱）。義務教育はほとんどが公立学校によって担われているのに対して、幼児教育や高等教育における私立学校の役割は大きいといえる。

2）義務教育無償の原則

　教育基本法第5条、学校教育法第6条では、「国又は地方公共団体の設置する学校における義務教育については、授業料を徴収しない」とされている。この原則を、**義務教育無償の原則**という。現在は、「義務教育の無償」というのは、「授業料の無償」のことと解されるのが一般的である。このほかの経費、例えば給食費、教材費、修学旅行費などの諸経費は、無償の範囲には入っていないとされる。ただし、現在では、授業料のほか、義務教育段階における教科書の無償配布が実施されている（義務教育諸学校の教科用図書の無償措置に関する法律）。教科書の無償配布は、1963年度より段階的に実施されてきた。なお、2024年現在、小学校第一学年の国語の教科書の最高価格は776円、中学校第一学年の国語の教科書の最高価格は865円である。教科書の価格は、文部科学省告示である教科書の定価認可基準

によって規定されており、多くは1000円以下と、その価格は低廉に抑えられている。

2010年からは、高等学校等就学支援金制度が成立し、一定の所得制限があるものの、高等学校の授業料が無償化されている。無償化の対象は、公立・私立の双方が対象となり、全日制、定時制、通信制の別も問われない。子どもが高等学校に通う共働き家庭の場合、世帯年収が約1000万円以下の場合、本制度の対象となる。なお、2021年度の高等学校への進学率は98.9％となっており、ほとんど普遍化している（なお、2020年度の高等学校の中退率は1.1％であった）。

3）教育の政治的・宗教的中立性の原則

特定の政治勢力・宗教勢力による支配・影響から教育を守り、その自律性を確保するため、**教育の政治的・宗教的中立性の原則**が法定されている。教育基本法は、「法律に定める学校は、特定の政党を支持し、又はこれに反対するための政治教育その他政治的活動をしてはならない」（第14条2項）とし、学校教育の政治的中立性を規定している。

加えて、「国及び地方公共団体が設置する学校は、特定の宗教のための宗教教育その他宗教的活動をしてはならない」（第15条2項）とし、国公立学校における宗教的中立性を規定している。ただし、教育基本法には、私立学校の宗教教育については明示されていない。宗教的理念を持った私立学校において、特に小・中学校においては、主に道徳教育を行う目的で、宗教的な内容を児童・生徒に教授す

ること(宗派教育)は、信仰の自由を保障する観点から許容されている。

3. 学校の法的性格

　教育基本法第6条は、法律で定める学校が「公の性質」を持つものであることを強調している。学校の設置者は、国、地方公共団体、学校法人に限られる(学校教育法第2条)。「公の性質」は、私立、国公立の別を問わず、公教育の性格として求められるものである。それゆえ、国や地方自治体は、私立学校に対しても、その振興に努めなければならないのである。**私立学校法**(1949年)は、私立学校の健全な発達を目的として制定された(私立学校法は、戦前の教育行政が私学に対し十分な支援を行ってこなかったとする、米国教育使節団報告書の指摘を受けて成立したものである)。私立学校に対する私学助成は、日本では1975年に公布された私立学校振興助成法に基づいて実施されている。ただし、宗教的理念を建学の精神に取り入れている私立学校に対して、私学助成を支出するのは、憲法第89条に定める公金の宗教団体への支出禁止に抵触するのではないかという見解がある。憲法第89条の条文は、「公金その他の公の財産は、宗教上の組織若しくは団体の使用、便益若しくは維持のため、又は公の支配に属しない慈善、教育若しくは博愛の事業に対し、これを支出し、又はその利用に供してはならない」というものである。しかし、現在の憲法解釈では、教育基本法・学校教育法・私立学校法に定める教育施設は、「公の支配」に属するとされ、私立学校に対

しても国・地方自治体から助成金支給が実施されている。

　学校教育に関して、教育基本法を補完するものが、教育基本法と同時公布された**学校教育法**である。学校教育法は、その第１条において、学校の定義を行っている。幼稚園、小学校、中学校、義務教育学校、高等学校、中等教育学校、特別支援学校、大学、高等専門学校が、学校教育法第１条における学校である。これら第１条に列挙されている学校を、「一条校」と総称することがある（２章）。こののち、学校の組織、運営に関する規定が続く（学校教育法は、附則を含めて 150 条以上の長大な法律であり、理念法である教育基本法と比較して、圧倒的に詳細・具体的である。そのため、学校教育法は、その都度の必要性に応じて、頻繁に改正がなされているという特徴がある）。

　学校教育法では、小学校、中学校、高等学校、大学という進学ルートを、すべての国民に開放する、**６・３・３・４制**の単線型学校制度が定められた（単線型については２章）。このうち、小学校の６年、中学校の３年の計９年間を義務教育年限としている（学校教育法第 16 条）。このような教育制度のあり方は、1946 年３月に来日した米国教育使節団の報告書における勧告に基づくものである。同使節団の報告書は、戦前の教育行政の中央集権制、複線型の学校体系、画一的なつめ込み教育を批判したうえ、教育の地方分権化、学校体系の単線化、男女共学による教育機会の保障などを強調して、戦後の日本の学校教育の基本的な方針となったものである。

　各学校の設置者（公立学校の場合は市区町村などの地方

公共団体、私立学校の場合は学校法人）が学校を設置する際には、学校の種類に応じた**設置基準**に従わなければならない。設置基準は、文部科学省令である。設置基準としては、幼稚園設置基準、小学校設置基準、中学校設置基準、高等学校設置基準、専修学校設置基準、大学設置基準がある。例えば、小学校設置基準においては、一学級の生徒数を40人以下とすること、学級は同学年の児童で編制すること、校舎に備えるべき施設として、教室、図書室、保健室、職員室、そのほかの施設として運動場、体育館を備えることなどが規定されている。

学級は、原則として同学年の児童・生徒で編制される（単式学級）。小・中・高等学校では、1学級は40名以下（小学校では、2025年までに全学年で35人定員となる）、幼稚園では35名以下が標準とされる。なお、標準学級数は、小・中学校では12から18学級である（学校教育法施行規則第44条）。

なお、例外的に、児童・生徒数が少ない山間部や離島などの小規模校において、同一の学年の児童・生徒だけでは学級編制ができない場合に、異なる学年（小学校の場合、1～2年、3～4年、5～6年というように連続する二つの学年）から編成される学級を複式学級という。一学級の人数が、小学校の場合16人以下（1年生を含む場合には8人以下）、中学校の場合8人以下が基準となっている。

学齢は6歳からである。保護者は、「子の満6歳に達した日の翌日以後における最初の学年の初め」から、小学校等に就学させる義務を負う（学校教育法第17条第1項）。学

齢生徒については、保護者は、「子が小学校の課程、義務教育学校の前期課程又は特別支援学校の小学部の課程を修了した日の翌日以後における最初の学年の初め」から、中学校等に就学させる義務を負う（同条第2項）。一方、学年とは、4月1日に始まり、翌年3月31日に終わる（学校教育法施行規則第59条）。人は誕生日の前日が終了する時（午後12時）に一つ年をとる（満年齢に達する）ため（年齢計算ニ関スル法律、民法第143条）、4月1日生まれの子の場合、誕生日の前日である3月31日の終了時（午後12時）に満6歳になる。それゆえ、4月1日生まれの児童・生徒の学年は、翌日の4月2日以降生まれの児童・生徒の学年より一つ上の学年となる。学年は4月2日生まれから翌年の4月1日生まれの児童・生徒までで構成される。

　市町村教育委員会は、例年10月末までに、住民基本台帳を基に小学校入学予定者の学齢簿を編成し、翌年1月末までに保護者宛てに就学する学校の指定を通知する。さらに、市町村教育委員会は、11月末までに、就学予定の子どもに就学前の健康診断を実施する義務がある（学校保健安全法第11条）。なお、国立学校、私立学校等に入学する場合には、保護者は当該学校の就学承諾書を添えた区域外就学届を市町村教育委員会に提出しなければならない。

　学校の位置は、「教育上適切な環境」に置かれなければならず（学校教育法施行規則第1条2項）、通学距離は、小学校ではおおむね4キロメートル以内、中学校ではおおむね6キロメートル以内において定められる（義務教育諸学校等の施設費国庫負担等に関する法律施行令第4条2項）。

2019年度の学校基本調査によると、小学校数は1万9738校、中学校数は1万222校で、近年は児童・生徒数の減少に伴い校数も漸減している。

教育課程の基準としては、学習指導要領が定められ、文部科学大臣によって告示されている（2章）。これによって、全国レベルでの教育内容の水準の維持が図られている（幼稚園においては幼稚園教育要領、幼保連携型認定こども園においては幼保連携型認定こども園教育・保育要領が、それぞれのカリキュラム編成の基準として告示されている）。

加えて、小・中・高等・中等教育学校では、**教科用図書**（「教科書」というのは通称）の使用が義務付けられている（学校教育法第34条）。教科用図書は、文部科学省著作のもの、または同省の**検定**を経たものでなければならない。民間の教科書発行者が著作・編集し、文部科学大臣の検定を経て発行される文部科学省検定済教科書が、現在の教科用図書の9割以上を占めている。

教科書に対する検定が、憲法21条2項が禁止する検閲に当たるかどうかが争点となった訴訟がある。検閲とは、行政権が、表現物を発表前に審査し、「不適当」な表現物の発表を禁じることである。家永教科書裁判（第一次訴訟）では、歴史学者の家永三郎が執筆した高校日本史の教科書『新日本史』が、1962年の教科書検定において、「戦争を暗く表現しすぎている」等の理由により不合格とされた。これに対して、原告の家永はこの検定が検閲に当たると訴えた。第二審の東京高裁判決（1986年）では、検定は検閲でないとする国の主張を全面的に採用して、家永の全面敗訴

となった（家永は最高裁に上告するも、最高裁はこれを棄却、家永の全面敗訴が確定）。最高裁判決（1993年）では、教科書検定で不合格になったとしても普通の出版物としてなら刊行することが可能である以上、検閲には当たらないという判断が示されている。

　複数の種類がある教科書のうち、どれを使用するかを選定することを**採択**という。教科書採択の権限は、公立学校の場合は所管の教育委員会に、国立、および私立学校の場合は校長にある。公立学校の場合、教科書採択は、複数の自治体にまたがって採択地区を構成する場合がある。採択地区が複数の市町村からなる場合、共同採択地区内の市町村教育委員会は、採択地区協議会での協議を実施し、種目ごとに一種の教科書を採択する。2023年現在、採択地区数は全国で581地区であり、1地区は平均して約3の市町村から構成されている。義務教育諸学校の教科書は、原則として、4年間同一の教科書が採択される。

　さらに、学校教育法では、各学校の組織を定めている。各学校には、校長、教諭が必置とされている。このほか、小学校では、教頭、養護教諭、事務職員を置かなければならず、これは中学校でも同様である（学校教育法第37条）。各学校は、それ以外にも多くの職員を抱えている。

　例えば、学校保健安全法では、学校医、学校歯科医、学校薬剤師が必置とされている（いずれも非常勤）。学校医は、児童・生徒、教職員の健康相談・保健指導・健康診断・疾病の予防処置、感染症・食中毒の予防のための指導・助言、学校保健安全計画の立案、学校の環境衛生に関する指

導・助言などを行う。学校歯科医は、歯科健康診断、歯科保健指導、歯科保健教育などを行い、学校保健安全計画の立案に関与する。学校薬剤師は、学校保健安全計画の立案への参与、飲料水、水泳プール、排水、給食、照明、空気、暖房、換気、騒音など学校・教室の環境衛生についての検査、学校の環境衛生の維持・改善のための指導・助言、健康相談、保健指導、保健室の医薬品、理科室の毒物・劇物など、薬品・用具の管理に関する指導・助言を行う。

学校図書館法では司書教諭（学校図書館の運営、図書の選択、購入、読書相談、読書指導などに携わる教員）が必置とされている。このほか、学校給食法では、学校給食の基本計画作成や献立作成などを行う学校給食栄養管理者の配置が求められ、栄養教諭または栄養士がこれに当たる。

小学校、中学校における教員の多くは、地方公務員（地方公務員法）、教育公務員（教育公務員特例法）の地位をもつ。公務員は、「全体の奉仕者」（憲法第15条）として、職務上、身分上の法令遵守（コンプライアンス）義務、上司の職務命令に従う義務をもつ（地方公務員法第32条）。なお、憲法99条は「天皇又は摂政及び国務大臣、国会議員、裁判官その他の公務員は、この憲法を尊重し擁護する義務」を定めている。

教員は、原則として、教員免許状を持つことが義務付けられている（教育職員免許法第3条、相当免許状主義の原則。3章）。教員採用に当たっては、志願者は、各学校の設置者であるところの教育委員会の選考を受ける（地方教育行政法第34条）。選抜ではなく、選考により教員が採用さ

れるのは、単に知識・技能の多い・少ないによってではなく、人間性、人格を含めた適性を、採用に当たって重視しようとしているためである。教員採用選考試験の競争倍率は自治体によって差があるが、中・高に比べて小学校の競争倍率が低くなる傾向がある。2022年度（前年度実施）公立学校教員採用選考試験で、小学校教員の競争率（採用倍率）が2.5倍と、過去最低を更新した。中学校の競争倍率は4.7倍、高校の競争倍率が5.4倍であり、その他の校種を含めた全体の競争率は3.7倍である。

4．中央教育行政組織

　教育基本法第16条において、教育は「**不当な支配**」に服することなく行われるべきことが規定されている。このことは、教育行政が、政治的、あるいは官僚的な支配に服することなく、一般行政からの独立を旨として行われるべきことを意味している。戦後の教育行政学では、「教育内容の決定は教員や保護者の自律にゆだねるべき」とする、宗像誠也（2章）らの「国民の教育権」説が定説となってきた。宗像らの「教育行政のオフ・リミット論」によれば、教育行政は教育内容を統制してはならないとされ、行政による過剰な教育内容への統制を「不当な支配」だとする。教育行政は、国と、地方公共団体が適切に役割分担し、相互に協力しあいながら行われるべきものであることが教育基本法第16条に定められているが、教育行政の作用は、あくまで子どもの就学の権利を保障するための条件整備に限定されるべきであるとするのが、宗像らの「教育行政のオフ・

リミット論」である（オフ・リミットとは、立入禁止区域のこと）。国は、教育の機会均等と教育水準の維持向上の責任を負い、地方公共団体は、地域における教育の振興を図る責任を負うとされるのである。

中央における教育行政は、**文部科学省**が担っている。文部科学省設置法第3条には、文部科学省の任務が以下のように規定されている。

> 文部科学省は、教育の振興及び生涯学習の推進を中核とした豊かな人間性を備えた創造的な人材の育成、学術及び文化の振興、科学技術の総合的な振興並びにスポーツに関する施策の総合的な推進を図るとともに、宗教に関する行政事務を適切に行うことを任務とする。

文部科学省は、2001年の省庁再編の際、旧文部省、旧科学技術庁の統合によって誕生した（前身の文部省は1871年創設）。文部科学省は、教育、学術、スポーツ、文化を所管する。その長は、文部科学大臣である。文部科学大臣の下には、文部科学副大臣、文部科学大臣政務官がそれぞれ2名置かれる（いずれも、政権与党の国会議員である）。文部科学大臣、およびかつての文部大臣は、政権与党に所属する国会議員が多くその職を務めてきた。彼らは政党政治家であるため、教育、教育行政に深い造詣・知識を有しているとは限らない。そのため、大臣を支えるための各種の審議会が、省内に設けられている。なお、現行憲法下での文

部大臣は129代を数えるが、文部大臣経験者で、後に内閣総理大臣に就任した者はわずかに2名である（海部俊樹、森喜朗）。2001年の文部科学省設置以降の文部科学大臣経験者の中から、総理大臣に就任した者は2024年現在皆無である。

文部科学省の組織は、文部科学省設置法によって定められている（図1-2）。文部科学省は、大臣官房（省全体の政策の総合調整を担う）と6つの原局からなる。筆頭局は**総合教育政策局**であり、学校教育・社会教育を通じた様々な視点から教育政策全体を推進（立案・実施・評価・改善）する中核的機能を総合的に担う。

このほか、外局として文化庁、スポーツ庁が置かれる。外局とは、省に置かれる、特殊な事務、独立性の強い事務を行うための組織である。文化庁は、文化に関する施策の推進、国際文化交流の振興、博物館による社会教育の振興、宗教に関する行政事務を所管する（文部科学省と同時に2001年設置）。スポーツ庁は、スポーツ振興、スポーツに関する施策を所管する（2015年設置）。

文部科学省は、教育基本法第17条に規定する**教育振興基本計画**の策定を、5年ごとに行う。例えば、第4期教育振興基本計画（2023〜27年度）では、「持続可能な社会の創り手の育成」、「日本社会に根差したウェルビーイングの向上」という2つを大きなコンセプトとして提示し、それに基づいて1「夢と志を持ち、可能性に挑戦するために必要となる力を育成する」、2「社会の持続的な発展を牽引するための多様な力を育成する」、3「生涯学び、活躍できる環

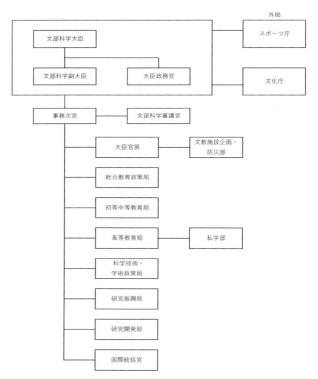

図1-2　文部科学省の組織

境を整える」、4「誰もが社会の担い手となるための学びのセーフティネットを構築する」、5「教育政策推進のための基盤を整備する」という5つの基本的方針、16の教育政策の目標、基本施策・指標を掲げている。

　文部科学省は、その計画を実施するための予算を要求する。毎年の文部科学予算の規模は5兆円余りである。2023

年度の予算5兆2941億円の内訳としては、義務教育費国庫負担金が最も多く1兆5216億円、国立大学法人運営費交付金が1兆784億円、科学技術予算が9780億円である。その他私学助成予算、文化芸術関連予算、無利子奨学金などが続く。文部科学省は、教育関連予算を財務省に対して概算要求するにあたって、教育関連予算の削減を図ろうとする財務省と厳しい対立を繰り広げてきた。

　既に述べたように、文部科学省には、**中央教育審議会**、文化審議会、科学技術・学術審議会など、有識者をメンバーとする複数の審議会が設置されている。これらの審議会は、文部科学大臣の諮問に対して、調査・審議を経て答申を行う。審議会答申そのものに、法的拘束力があるわけではないが、これらの答申は、教育関係法令の改正に、大きな影響を持っている。それゆえ、日本の中央教育行政は、諮問行政と呼ばれている。

　特に、1952年に発足した中央教育審議会の答申は、重要視されている。中央教育審議会には、課題の性質別に分科会、さらに分科会の下には部会・委員会が置かれ、それぞれに別途委員が選任される。現在、教育制度分科会、生涯学習分科会、初等中等教育分科会、大学分科会の4つの分科会、総計約70の部会・委員会が設置されている。委員は30名以内、任期は2年である。委員は、教育研究者のほか、教員、自治体の首長、企業の経営者、ジャーナリストなどの識者からなる。

　文部科学行政は、地方の教育委員会に対して、強制的な指揮・監督を行うのではなく、指導・助言に重点を置く、

第1章　教育法規が定める学校教育制度　35

いわゆる**指導・助言行政**を志向している。国と地方公共団体との間の、対等なパートナーシップによって、教育行政が適切に行われることが求められている。

5．地方教育行政組織

　戦後の教育行政の原則の一つに「地方分権」が挙げられる。地方における教育行政は、都道府県、または市区町村の**教育委員会**、あるいは首長部局が担っている。首長は、住民の直接投票によって選ばれる行政機関であり、都道府県知事、市区町村長等がこれに当たる。

　教育委員会は、議会の承認を得て、首長が任命する独立的な行政委員会であり、原則5名の委員の合議制（多数決による議決を行うこと）によって運営される。教育委員会の組織や権限等に関しては、「地方教育行政の組織及び運営に関する法律」（地方教育行政法、または地教行法と略称）に定められている。委員の任期は4年である（教育長の任期は3年）。委員の改任は原則1年に1人または2人ずつ行われる。これは、委員が一斉に改任されることによって、急激に教育行政の方針が変わることを防ぐためである。

　委員には必ず保護者を含むこととなっている。教育委員の適正な職務遂行の妨げとならないよう、地方公共団体の議会の議員、地方公共団体の首長、地方公共団体の常勤職員等は、教育委員を兼職することができない。

　なお、政治的中立性を保つ観点から、委員の2分の1以上の者が同一の政党に所属することが禁じられている（地方教育行政法第12条）。さらに、教育委員は、政治的団体

の役員となること、積極的な政治活動をすることが禁止されている。

教育委員会の代表、会務の総理を行う教育委員を**教育長**という（教育長は、教育委員を兼務）。教育委員が非常勤であるのに対し、教育長、および教育委員会の事務局職員は常勤職である。教育委員会の実質的な業務は、教育委員会事務局が担っている（図1-3）。教育長は、事務局の事務を総括し、事務局職員を監督する。教育委員会事務局には、指導主事、事務職員、技術職員等が置かれる（教員出身者が事務局に数年間勤務し、管理職として学校勤務へと戻るケースが少なくない）。このうち、**指導主事**は、学校に

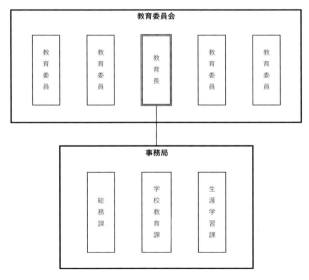

図1-3 教育委員会の組織

おける教育課程や、学習指導等、学校教育に関する専門的事項に関して、校長や教員に助言と指導を与えることを職務とする（地方教育行政法第18条）。

　教育委員会は、公立学校の組織編制、教育課程、教科書ほか教材の取扱、教育職員の身分の取扱に関する事務を行う（地方自治法第180条の8）。教育委員会は、法令や条例に反しない限りにおいて、その所管する学校等に、施設・設備・組織編制・教育課程・教材の取扱等に関して、教育委員会規則を定めることができる（地方教育行政法第33条）。教育委員会の指導監督権限は、公立学校に対するものにとどまっており、私立学校への監督権限は弱い。私立の小学校、中学校、高等学校等は、都道府県知事の所管に属しているからである（学校教育法第44条）。

　この他、教育委員会は、生涯学習、社会教育、文化・スポーツの振興等、学校教育に関連する業務のほかにも、広範な業務を担っている。

　教育委員会と並ぶ地方教育行政組織として、首長部局がある。首長部局が担う役割として、①私立学校の行政、②高等教育機関の設置、③教育予算の編成の三つがある。③に関して注意しておくべきことは、教育委員会には予算案の議会提出権がないということである。地方自治体における教育予算の編成権、議会提出権は首長にある。ただし、教育予算の編成に関して、首長は教育委員会の意見を聴取しなければならない。

　教育委員会と首長部局の連絡・連携を図るため、**総合教育会議**が設置されている（地方教育行政法第4条の4）。総

合教育会議は、2015年に設置された、地方公共団体に設置される地方公共団体の首長と教育委員会が教育政策について協議・調整するための会議体である。総合教育会議は地方公共団体の首長および教育委員会で構成され、首長が招集することとなっている。総合教育会議は地方公共団体の首長および教育委員会で構成される。教育、学術および文化の振興に関する総合的な施策の大綱の策定に関する協議、教育を行うための諸条件の整備その他の地域の実情に応じた教育、学術および文化の振興を図るため重点的に講ずべき施策に関する協議を行うほか、児童、生徒等の生命または身体に現に被害が生じ、またはまさに被害が生ずるおそれがあると見込まれる場合等の緊急の場合に講ずべき措置に関する協議が行われる。

第1章の学習課題

①戦後日本における普通教育の性格について、就学義務、設置者負担主義、宗教的中立性という語を用いて説明しなさい。

②文部科学省の組織と運営・職務の特色について、中央教育審議会、指導・助言行政という語を用いて説明しなさい。

③教育委員会の組織と運営・職務の特色について、地方教育行政法（地教行法）、教育長、指導主事という語を用いて説明しなさい。

第1章の重要ワード（登場順）

法律主義の原則
子どもの権利条約（児童の権利条約）
教育基本法
日本国憲法（第26条）
教育の機会均等の原則
設置者負担主義の原則
設置者管理主義の原則
義務教育の無償の原則
教育の政治的・宗教的中立性
私立学校法
学校教育法
6・3・3・4制
設置基準
教科用図書
検定
採択
不当な支配
文部科学省
総合教育政策局
教育振興基本計画
中央教育審議会
指導・助言行政
教育委員会
教育長
指導主事
総合教育会議

第 2 章

学校教育の制度と経営

1. 戦後日本の教育行政の基本原理

　本章では、学校経営を支える教育行政の仕組みについて解説しよう。教育行政を見る時に重要なのは、教育行政が、国家の行政権とどのような関わりを持っているかという点である。教育行政を、国家の行政権の貫徹として見て、それを批判的に捉えたのは、教育行政学者の宗像誠也であった。宗像は、教育行政を、「権力の機関が教育政策を実現しようとする過程」だと定義した。ここでいわれている「教育政策とは、権力に支持された教育理念」である。宗像の定義の背景には、「権力に支持された教育理念」以外の教育理念が存在し、その教育理念を宗像が支持しているという事実があった。言いかえれば、宗像にとって、「権力」の貫徹の手段である教育政策と、その遂行の手段としての教育行政は、制限されるべき作用として、否定的に捉えられていたのである。宗像は、教育行政の作用を、条件整備としてのみ認めようとし、教育行政を介した教育の国家統制への批判的立場をとり続けた。

　教育行政という形での教育の国家統制に対して批判的な宗像の立場は、**内外事項区分論**として理論化される。内外事項区分論においては、教育行政による条件整備の対象は施設な設備や教材等の「外的事項」に限定されるべきであり、教育内容や教育方法などの「内的事項」には関与するべきでないとされた。これは、教育の「内的事項」を、いわば教育行政の「オフ・リミット（立入禁止）」領域と見なし、「内的事項」を教育行政による作用から守り、その自律性を保障しようとする理論であった。

一般に、教育行政には、三つの作用があると考えられてきた。①規制作用。違法な教育活動を制限する作用であるが、極めて弱いものである。②助成作用。教育の自律性を保障しつつ、教育の外的条件を整える作用である。③実施作用。行政自らが、教育の営為を実施する作用である。宗像は、このうち、②の側面を重視し、①③の側面が過剰に強まることを警戒していたということができる。

　戦後改革の中で、教育行政のあり方も大きく変革された。その改革は、明治憲法下では天皇大権に属した教育行政のあり方の決定権を、民主化の原則に沿って国民に帰するという抜本的な改革を目指すものであった。戦後教育行政改革の基本原理として、次の三つを挙げることができる。

①**民主制・民衆統制の原理**。これは、アメリカ軍を中心とした占領軍に主導された戦後改革の民主化方針に沿うものであり、教育のあり方を決めるのは、国家ではなく、主権者たる国民であるという理念を示す。

②**地方分権・地方自治の原理**。中央政府が集権的・一元的に教育のあり方を決定するのではなく、各地方自治体が主体的に教育経営に取り組むべきであるという理念を示す。具体的には、教育委員会は都道府県・市町村単位で設置される。

③**一般行政からの独立の原理**。教育行政の機関を、その時々の政治権力に左右される一般行政からは独立させ、教育の自律性を確保するべきだという理念を示す。この原理を具現化するために、都道府県知事や市町村長など地方自治体の首長からは独立した機関として教育委員会を組

織し、教育行政を担わせることとした。

一般行政からの独立の原則を具現化するものとして、戦後の教育委員会法（1948年）により、教育委員会が、地方教育行政の主たる担い手として創設された（1章）。教育委員会は、教育行政の一般行政からの独立を実現するために設置される組織であるから、首長から一定の独立性、自律性をもつ。住民による意思決定（レイマンコントロール）を実現することが目指されている。

戦後間もなくは、教育委員は公選制（教育委員会法（1948年）における規定）であったが、教育委員会の政治的中立性、安定性を確保するという名目で1956年に同法が廃止され、地方教育行政法（地教行法）の施行によって、教育委員は自治体首長による任命制となった。

2．学校教育の体系

我が国は、単線型の学校体系をもつといわれているが、このような単線型の初等・中等教育体系を有しているというのが、各国に見られる普遍的な傾向というわけではない。学校体系は、主に、単線型、分岐型、複線型の3つのタイプに分類される（図2-1）。歴史的動向としては、複線型が最も古く、そののち分岐型、単線型へと変遷していくケースが多く見られる。

複線型は、初等教育段階から貴族のための学校系統と大衆（庶民）のための学校が分離している学校体系のことである。複線型学校体系では、上流階級の子弟が通学した大学進学のための準備教育機関（中等学校）が、徐々に初等

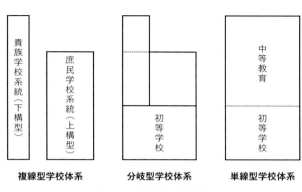

図2-1 代表的な学校体系

教育へと下向きに発展していく下構型学校系統と、庶民の子弟を対象とし、3アールズ（読み・書き・計算 reading, writing, arithmetic）を中心とする、社会生活に必要なリテラシーの教授を行う初等学校が、教育内容を徐々に高度化させるのに対応して中等学校へと発展する上構型学校系統が併存している。英国に見られる。

分岐型は、初等学校段階では、上流階級のための学校と大衆（庶民）学校が統一されているものの、中等学校への入学段階で、就職組と進学組に枝分かれする学校体系のことである。19世紀末の「統一学校運動」の結果、各国で複線型から分岐型への改革が進められた。ドイツでは、初等学校（グルントシューレ）を卒業する10歳の時に、職業的技能の習熟を目指すハウプトシューレか、大学への進学を目指すギムナジウムかを選択することから、ドイツは分岐型学校体系をもつといわれる。中等教育以上の学校系統が

複雑に分かれていた戦前の日本も、分岐型学校体系をもっていたといわれることがある。

単線型は、統一が初等教育段階にとどまっていた分岐型から学校系統の統合がさらに進み、初等学校から中等学校に至るまで、全ての子どもが同一種類の学校に通学する学校体系のことである。単線型学校体系では、中等教育修了後の高等教育（大学）への進学機会も、能力に応じて平等である。アメリカは単線型学校体系を志向し、戦後の日本も、アメリカの影響を受けて単線型学校体系を導入した。

単線型のデメリットとしては、中等教育までの進学機会を全ての子どもに保障するため、メリトクラシー（能力主義的競争）が勃興しやすいことが挙げられる。身分・家柄によって進学できる学校が決まるわけではないので、進学機会の確保は本人の能力次第ということになる。そのため、階層の流動化は促進されるが、その反面、高い学歴、質の高い教育機会を求める競争は激しくなる。このような学歴社会化、能力主義的競争は、後発資本主義国ほど激化しやすいといわれる（社会学者ロナルド・ドーアのいう後発効果）。

それに対して、複線型学校体系をとる英国では、学歴競争は激化しない。既に、身分や家柄によって、進学機会がある程度限定されてしまっているからである。それゆえ、ほとんど全員が参加する学歴をめぐる競争は生じない。その代り、教育の獲得による階層間の移動は限定的なものにとどまり、社会階層は固定的であり続ける。このように、各学校体系には一長一短があり、軽々にどちらが適切かを

論じることはできない。学校体系は、各国の歴史の中で形成された社会や文化に内在する規範や価値観と関わりながら形成・維持されてきたものであり、それらの規範や価値観を無視して一朝一夕に変革できるものではない。

なお、日本における大学進学率は 56.6％である（2022 年度）。短期大学・専門学校等を含む高等教育機関への進学率は 83.8％である。高等教育機関の種類別の進学率は、大学 56.6％、短期大学 3.7％、専門学校 22.5％であり、大学への進学率が漸増している。大学院などへの進学率は、12.4％である。

大学進学率は、男子 57.7％、女子 50.9％であり、男子の方が 6.8％高い（2020 年度）。ただ、女子の 7.6％は短期大学へ進学している。女子の大学・短期大学への進学率は 58.6％となり、わずかながら男子の大学進学率を上回る。女子の大学進学率は近年上昇している。その一方、短期大学への進学率は 1994 年度の 24.9％をピークに低落している。

高校進学率は、1950 年には 42.5％、1960 年には 57.7％であったが、1970 年代半ばに 90％を超え、「高校全入時代」に突入している。

3．学校の種類

既に述べたように、日本は単線型の学校体系をもつと一般的に考えられている。正系の学校のほかにも、多くの学校が法律上規定されているので、それらについて見ていこう。

まず、日本における代表的な学校種別を定めるのが学校教育法第 1 条である。ここで規定される学校を、**一条校**と

通称することがあることは1章で述べた。現在では、幼稚園、小学校、中学校、義務教育学校、高等学校、中等教育学校、特別支援学校、大学（短期大学、大学院を含む）、高等専門学校の9校種がこれに属する。

特別支援学校とは、視覚障害、聴覚障害、知的障害、肢体不自由、病弱心身など障害のある児童・生徒が通う学校であり、幼稚部・小学部・中学部・高等部がある（2023年現在1178校）。

義務教育学校とは、学校教育制度の多様化と弾力化を推進するため、小学校から中学校までの義務教育を一貫して行う学校である（2023年現在207校）。

中等教育学校は、小学校に続く修業年限6年の学校であり、前期中等教育と後期中等教育を一貫して行うことを目的とする（2023年現在57校）。

高等専門学校とは、中学校卒業程度を入学資格とし、修業年限5年の課程において、主に工学・技術・商船などの分野における専門教育を行い、実践的技術者を養成することを目的とする学校である（2023年現在58校）。

一条校以外の学校として、専修学校や各種学校をあげることができる。専修学校（学校教育法第124条）は、職業教育、生活教育などを目的とした教育機関である（2023年現在3020校）。入学資格によって、高等課程（中卒、高等専修学校）、専門課程（高卒、専門学校）、一般課程（資格限定なし）の三つに分類される。専修学校の8割以上を、専門課程を持つ専修学校（専門学校）が占めている。修業年限2年以上、修了に必要な総授業時数1700時間以上を満

たす専門学校修了者には、専門士の称号が授与される。

　一条校、専修学校以外の学校である各種学校（学校教育法第134条）は、技能教育、職業教育、教養文化教育などを行う機関であり、多様で自由な形態をとる（2023年現在1015校）。設置にあたっては、都道府県知事が認可を行う。予備校、自動車操縦、服飾、簿記、語学、インターナショナルスクール・民族学校といった外国人学校など様々な種類がある。各種学校の設置基準は、授業時間が年間680時間以上、修業年数は3ヵ月から1年以上となっており、修業年限1年以上、年間授業時間数800時間以上（夜間の学科は450時間以上）である専修学校と相違する。各種学校の入学資格は、各学校が定めることができる。

　以上の学校はいずれも文部科学省の所管であるが、文科省所管以外の教育機関も存在する。例えば、保育所などの児童福祉施設は厚生労働省の所管、認定こども園は内閣府の所管であり、少年院は法務省の所管、在外日本人学校は外務省が所管する。

　この他、学位を授与できる大学校として、防衛大学校、防衛医科大学校（防衛省）、国立看護大学校、職業能力開発総合大学校（厚生労働省）、水産大学校（水産庁）、海上保安大学校（国土交通省）、気象大学校（気象庁）などが存在し、それぞれの分野における幹部候補的な専門職の養成を行っている。

　就学前における教育は、普通教育ではないため、義務教育ではない（ただし、2019年10月より、3歳以上の幼児教育・保育料は原則として無償化されている）。4歳児の

保育利用率は 97％、5 歳児では 98％をそれぞれ超えており（2017 年）、3 歳以上の保育はほとんど普遍化している。「幼児教育を行う施設」として、幼稚園（根拠法・学校教育法、所管・文部科学省）、保育所（児童福祉法、厚生労働省）、幼保連携型認定こども園（認定こども園法、内閣府）がある。幼児教育・保育制度は、終戦直後から幼稚園・保育所の二元的制度が維持されてきた。2006 年の認定こども園制度の成立や、2015 年の「子ども・子育て支援新制度」において、2 歳以下の低年齢児に顕著な待機児童の受け皿として、小規模保育（定員 19 名以下）・家庭的保育（定員 5 名以下）などの地域型保育事業の導入などがなされ、現在の保育制度はきわめて複雑なものとなっている。

4．学校の組織と経営

　学校組織一般がもつ特徴を検討し、それが学校経営論に与えた影響を見ていきたい。アメリカの組織学者カール・ワイクは、学校組織の特徴に関する検討を行った。ワイクは、学校組織が、他の組織（営利企業など）と比較した際に有する特質を三つあげている。第一に、監督と評価が限定的にしかなされないということ。授業内容や教育方法の細かな部分にまで、現場の教師の実践に、経営層が「監督」として介入することは滅多になく、日常の教師の実践を、経営層が「評価」することも稀である。第二に、教育の目標が漠然としており不明確であるということ。教育目標が、特に人格形成、道徳的側面、情緒的側面に関わってくるとき、特に目標の曖昧さは際立ってくる。この目標の曖昧さ

は、第一の側面、すなわち評価の難しさと関連する。というのも、目標が漠然としていれば、教育の成果や達成がどれほどであるのかを評価しえないからである。第三に、学校の構成員が担うべきとされる職務範囲が広すぎるということ。さらに、その茫漠とした職務に対して、どのような技術が必要とされているかも不明確である。具体的にいえば、家庭の機能と学校の職務の間の境界が曖昧であり、ともすると、家庭が担うべき教育機能が、際限なく学校側に滲み出してくるという事態が起こりうる。

　ワイクが指摘した、学校組織の結合の緩やかさについての指摘は、日本の学校組織に対しても当てはまるだろう。学校機能は多重的なものだからである。学校組織は、教育機能、校務分掌機能、運営機能というように、いくつかの機能を包含しており、各教職員は、これら複数の機能領域を同時に担う。同一の教員が、教育機能を果たしつつ、校務も分掌し、学校運営にも携わる、というように、同時に複数の校内委員会などの組織に所属し、それらの職務を並行的に遂行している。事務的職務に関して言えば、例えば小学校には、事務職員が必置とされているものの（学校教育法第37条）、限られた数の事務職員では担いきれない多くの学校関連業務を、教員も担っているという現状がある。

　このような学校組織の機能的側面が、学校経営の効率、あるいは生産性を損ねていると考えたのが、教育行政学者の伊藤和衛であった。加えて、伊藤によれば、学校経営の方法は、依然として、前近代的な「経験と勘」に支配されている。伊藤は、学校における職務に対して、どのような

技術が必要とされているかが不明確であり、学校経営のための知識や技能が体系化されていないと考えたのである。

　伊藤は、このような非効率的・非生産的な学校組織の職務効率を向上させ、その近代化を図るべく、学校経営の合理化論を唱えた。この伊藤の理論は、後述するような組織的特徴から、**重層構造論**と呼ばれる。伊藤は、アメリカの技師フレデリック・テイラーが、19世紀末に唱えた「科学的管理法」（テイラー・システム）を、学校経営にも導入することを提言する。科学的管理法の特徴としては、次の三点が挙げられる。①仕事を業務ごとに分ける（分業）。②業務ごとの標準的なノルマ（数値目標）を設定する。③ノルマ（数値目標）の達成具合を評価する。分業と評価の重要性を説く科学的管理法を学校に導入するにあたって、伊藤はまず、学校の職務を、経営、管理、作業の三つに分け、その三つをそれぞれ校長、教頭・主任、教職員が分業的に担当することを提案する。〈校長→教頭・主任→教職員〉は、この順で階層を成しており、指揮系統、監督・評価の権限も明確化される。いわば、学校組織をピラミッド型の重層構造と捉えることにより、学校経営の合理化を目指すのが、伊藤の重層構造論である。

　伊藤の重層構造論に、真っ向から対立したのが、宗像誠也であった。宗像は、学校における職務はすべて本質的に同じもの、つまり複合的・総合的な性質をもつため、テイラーや伊藤のいうような分業は不可能であるとする。さらに、重層構造による指揮・命令系統の明確化は、むしろ、個々の教員の自発性や意欲を損ねかねないとする。宗像に

よれば、教員は互いに平等・対等な存在であるべきなのであり、それによって、教員間の活発なコミュニケーションが生起し、良質な教育実践が生まれてくると考えるのである。このような宗像の理論を、学校経営の民主化論、あるいは、教員組織の重層性を否定したという意味で、**単層構造論**などと呼ぶ。

 宗像の単層構造論は、長く「**なべぶた型**」と呼ばれ（図2-2）、校長・教頭以外の管理職を置かない横並び組織を特色としてきた日本の既存の学校組織の意義を事後的に承認するための理論的基礎と見なされた。「なべぶた型」の学校組織においては、例えば、**職員会議**は議決機関と見なされる。つまり、職員会議の議決は、それが校長の意に反するものであったとしても、校長も職員会議の構成員の一人であるため、校長をも制約すると考えられた。ただ、このような校長権限への制限には批判も提起されてきており、職員会議は校長の諮問機関に過ぎないという説も存在はした。職員会議を、学校組織の意思決定における最終的な議決機関と見るか、それとも、校長のリーダーシップを支える諮問機関と見るかという論争は、2000年代初頭、一連の法令改正による校長権限の強化の中で、一気に後者が優勢

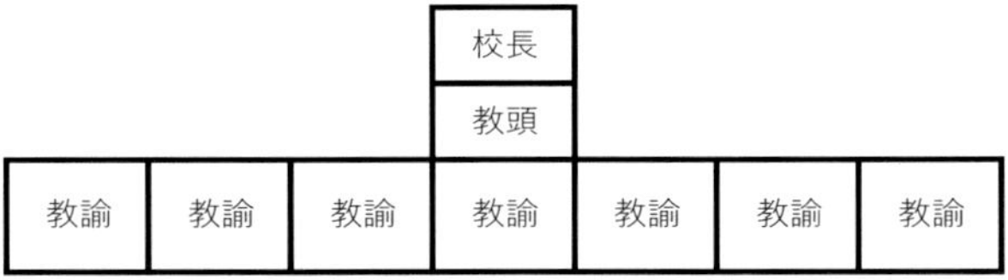

図2-2　なべぶた型組織

となっていく。

 2000年の学校教育法施行規則改正においては、職員会議は校長の「補助機関」として位置づけられたのみならず、同改正において、職員会議とは別の諮問委員制度としての学校評議員制度が導入された（本章で後述）。学校評議員の導入は、校長の補助機関、あるいは諮問機関としての職員会議のウェイトを相対的に縮小させるものである。

 さらに、校長権限を強化するため、従来存在しなかった、校長を支える中間管理職の職制が新設される。2008年以降、学校教育法を根拠法として、副校長、主幹教諭などの職制が新設され、これらの職制に就く教員には、校長を補佐すると同時に、下位の教職員に対する指導・監督権限が与えられた。「なべぶた型」と長く呼ばれてきた日本の学校組織がもたなかったミドルリーダーの創出が図られたということは、「なべぶた型」・単層構造を特色としてきた日本の学校組織が、急速にピラミッド型、重層構造へと転換しつつあるということを意味している。この動向は、幼児教育施設においても見られる。幼稚園・認定こども園においては主幹教諭、保育所等においては副主任保育士などのミドルリーダーが置かれ、職員組織の重層化が進んでいる。

 なお、年齢別の教員数を見ると、公立小学校、中学校共に20代後半と50代後半にピークがあり、40代後半が底となっている。ここ10年間で、公立小学校、中学校共に30歳未満の若手教員の比率が高まり、50歳以上のベテラン教員の比率が下がっている（令和4年度学校教員統計調査中間報告）。

校長のリーダーシップの強化を図る試みの一つとして、民間人校長の登用がある。2000年の学校教育法施行規則の改正により、従来校長の資格要件とされてきた「一種あるいは専修免許状の取得、5年以上の教育に関する職の経験」が緩和され、企業の管理職に就いていた者などが校長に就任できるようになった。広告・人材紹介などを手掛ける企業のリクルートで管理職を務めたのち、2003年から東京都杉並区立中学校長に就任した藤原和博などはその代表例である（藤原は、生徒が様々な立場の社会人の語りを聞くことを通して社会についての見識を深める「よのなか科」を創設したり、学習塾と連携した有料の課外授業「夜スペ」を導入するなど、斬新な取り組みを行った）。

　一方、幼稚園の園長の要件については、曖昧なままにされてきた。校長の資格要件は、教諭の専修免許状または一種免許状を有し、5年以上教育に関する職に従事すること、または10年以上教育に関する職に従事することと、学校教育法施行規則において定められている（第20条）。しかし、学校教育法施行規則における校長資格要件は、幼稚園園長には厳格には適用されていない。幼稚園において園長は必置であるものの（幼稚園設置基準）、園長の要件は明示されていない。幼保連携型認定こども園の園長資格は、専修免許状または一種免許状を有し、かつ学校教育、児童福祉等における5年以上の実務経験を有するものとされている。保育所に至っては、「所長」は必置職員ではない（児童福祉施設の設備及び運営に関する基準。保育所の必置職員は、保育士、嘱託医、調理員のみである。保育所保育指針

では、保育所の経営責任者を「所長」ではなく「施設長」と呼称している。法令上の必置職員ではないため、保育所長の資格要件は存在しない)。

　地域との学校の連携の強化、及び校長のリーダーシップの強化の二つは、1998年の中央教育審議会答申以降、一貫して目指されてきた。同答申では、①学校の裁量権の拡大、②校長のリーダーシップの強化、③説明責任に基づく学校経営、④地域住民、保護者の学校運営への参画が求められ、後述する学校評議員制度の導入のきっかけとなるなど、2000年代以降の学校経営の刷新に影響を与えた。地域色の強化、校長のリーダーシップの強化はいずれも、学校ごとの特性の多様化に繋がっていく。

　地域社会への開放が求められている今日の学校経営の最優先課題は、地域に対するアカウンタビリティ（説明責任）の確保であるといえよう。アカウンタビリティの確保のための第一歩は、学校評価の導入から始まるとされる。2006年に示された文部科学省の「学校評価ガイドライン」によれば、学校評価は、評価主体により①自己評価、②学校関係者評価、③第三者評価の三つに分類される。このうち、①自己評価は既に義務化され、②学校関係者評価も努力義務化されている。2014年時点での学校評価の実施率（国・公・私立合計）は、自己評価で96.7％、学校関係者評価で85.7％であるが、第三者評価では6.0％と非常に低くなっている（文部科学省「学校評価等実施状況調査」（平成26年度間））。

　学校評価は、〈計画 Plan →実践 Do →評価 Check →改善

Act〉の各プロセスを円環的に繋げていく経営手法である**PDCA サイクル**の、C（Check）の段階に位置づけられる。PDCA サイクルの考え方は、単に学校の組織運営のみに適用されるのみならず、教育課程の編成・教育実践にも応用されるべきと考えられている。2017 年改訂の学習指導要領では、データに基づき、科目横断的な学びの再構成や、地域資源の導入をも含みながら、不断に教育課程の見直しを伴うダイナミックな教育の実践を、**カリキュラム・マネジメント**と呼んでいる。ただ、PDCA サイクルは、もともとが、工業製品生産のエラー（不良品）を減らすための経営モデルであったため、ミスを減らすためには有効だが、ミスかどうかが判断しにくい教育実践を改善するためには必ずしも有効であるとは限らない点には注意が必要である。

　地域住民の意向を学校経営に反映させるための制度として、終戦直後の 1947 年より GHQ（連合国軍最高司令官総司令部）の勧奨により組織された、**PTA**（Parent-Teacher Association の略）がある。PTA は、子どもの健全な成長を図るため、学校単位で組織される保護者と教員の学び合いの場である。PTA は本来、社会教育法における社会教育関係団体であるため、設立も加入も義務ではない任意団体である。それに対し、**学校評議員**（2000 年学校教育法施行規則改正により導入）は、法的に整備された保護者の学校運営参加の制度である。校長の推薦に基づき、教育委員会により委嘱された 5 名以内の学校評議員（保護者を含む地域住民）は、校長の行う学校経営に対して意見を述べることができる。評議員には、学校経営に対する特段の権限は

第 2 章　学校教育の制度と経営　　59

ないものの、9割近くの小・中・高で既に設置されているが、幼稚園では設置率がやや低調である。

学校評議員のほか、未だ十分には普及していないものの、2004年の地方教育行政法改正により導入された**学校運営協議会**は、学校運営に関する基本方針の承認の権限を持つ。それ以外に、学校経営に関する意見、または教職員任用に関する意見の申出などを行うことができる。学校運営協議会が設置された学校を、**コミュニティ・スクール**と呼ぶ。学校運営協議会の委員は、学校の所在する地域の住民、当該学校に在籍する幼児・児童・生徒の保護者、その他教育委員会が必要と認める者について、教育委員会が任命する。2023年現在、全国の公立学校（幼稚園・小学校・中学校・義務教育学校・高等学校・中等教育学校・特別支援学校）におけるコミュニティ・スクールの数は1万8135校であり、導入率は52.3％である。

5．学級の組織と運営

ここからは、学級組織の運営について見ていこう。学級は、いうまでもなく、児童・生徒と学級担任からなる、学校における教育・指導・学習の基本単位である。日本の学級の特徴として、1885（明治18）年以降、一貫して**学年制**を採っていることが挙げられる。ただ、明治初期は等級制を採っていた（「級」は「課業の階梯」を示す）。児童は学習進度別に級分けされ、進級試験に合格しなければ原級留置とされた（修得主義）。このため、進級試験への不合格を繰り返した末、退学する児童は少なくなかった。等級制で

は、貧困層の児童が退学へと追いやられるケースが多かったことから、等級制による修得主義のもとでは、基礎的教育の機会を必要とする低階層の子どもが落伍し、公教育から放逐されてしまう。このことは、全国民に普遍的な国民教育を提供するという近代公教育の理念に反すると考えられた。そのため、出席日数に不足がなければ成績にかかわらず進級・卒業を認める履修主義と抱き合わせされた学年制が、小学校令公布（1886（明治19）年）とともに導入され、今日に至っている。

　1877（明治10）年の学齢児童の平均就学率は39.9％であった。男子の就学率が56.0％であったのに対し、女子の就学率は22.5％と著しく低くなっている。平均就学率が90％を超えたのは1902（明治35）年、95％を超えたのは1905（明治38）年のことであった（その直前、1900（明治33）年の第三次小学校令において、公立尋常小学校では原則的に授業料の不徴収が規定され、義務教育の無償制が確立している。戦前の学校制度の概要については図2-3を参照）。

　組織としての学級は、次のような特徴をもつ。

①生活共同体的な価値観に基づく、訓育的側面（人格形成）を重視すること。日本の学校教育は、単に知識・技能の習得を目指す営みに留まらず、集団の中における人間性の涵養、人格の完成（教育基本法第1条）を含む全人的なものと捉えられている。そのため、授業以外の活動、給食や清掃、課外活動なども、必ずしも知識・技能の習得に関わらない活動も、集団の中での人間性の形成の観点から重視される。そのため、学級は、単に学習集団で

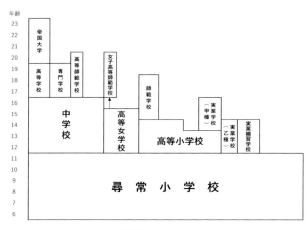

図2-3　戦前の学校制度（1908（明治41）年）

はなく、生活集団としての性格も持つことになる。
②教師と子どもの関係は、損得勘定（かんじょう）を挟むことなく、献身・尊敬の間柄であることが理想とされること。明治期以来の教師＝聖職者論にも表れているように、教師は子どもに対して献身的であり、それに応じるように子どもは教師にたいして敬愛の念を抱く、というように、教師と子どもとの間に情緒的つながり、心理的絆が形成されることが重視されてきた。
③「学級王国」と呼ばれるほど閉鎖的であり、学級間の教員交流、あるいは学級間の子ども同士の交流が限定的になること。学級が、担任教師と子どもたちが、日常的に生活行動を共にする共同体であり、その共同体の紐帯（ちゅう）は情緒的・心情的なものであるとすると、学級外の人間と

の関係は疎遠なものになる。今日に至るまで、学級が学校教育を運営するための基本的単位であることは変わらないが、学級間の「壁」をどう捉えるか、という問題は、教師の念頭につねに置かれるべきである。

　さて、学級担任には、学級担任制（主に幼・小）と教科担任制（主に中・高）の二つのタイプがある。中・高は教科担任制をとるものの、学級担任も同時に置かれることが多い。中・高が教科担任制をとるのは、中・高の教員免許状が科目別に授与されるためである。

　担任教師は、前述したように、単に教科学習の指導だけではなく、多様な役割を果たす。例えば、①児童生徒の健康と安全の管理、②集団づくりの実践と共同的な学びの実現、③保護者や地域の住民を含めた学級内外のコミュニケーションの円滑化などが挙げられよう。なお、教師が子どもの人格形成を図るため、学校生活のさまざまな側面で、子どもの生活上の指導を行うことを、生徒指導と呼ぶ。中学校・高等学校では、教員の充て職として、生徒指導主事を置くことができる（学校教育法施行規則第52条２）。

　教師は、児童・生徒への懲戒を行うことができる。懲戒とは、不適切な行動をなした児童・生徒に対してなされるいましめであり、以後の行動を改めさせる目的で行われるものである。学校教育法第11条では、「校長及び教員は、教育上必要があると認めるときは、文部科学大臣の定めるところにより、学生、生徒及び児童に懲戒を加えることができる」とされる（ただし、幼児に対する懲戒は規定されていない）。

第２章　学校教育の制度と経営

児童・生徒への懲戒には以下の二種類がある。①事実行為としての懲戒。訓戒、叱責、規律、罰当番などが当てはまる。②処分としての懲戒。退学、停学が当てはまる。ただし、小・中学校（義務教育）では、②処分としての懲戒としての停学・退学の制度はない（義務教育諸学校では、子どもの教育を受ける権利を保障する必要があるため）。その代り、他の子どもの教育に妨げがある場合、いじめを行ったなど「性行不良」の子どもの保護者に対してなされる、秩序措置としての出席停止の措置がある（学校教育法第35条）。しかし、この措置はほとんど機能しておらず、いじめ等非行への対応に当たり、出席停止措置を適切に講じるべきだとの見解がある。なお、高校では、学校教育法施行規則第13条において、停学・退学が規定されている。

学校教育法第11条は、但し書きにおいて、**体罰**を加えることはできないとも規定している。この学校における体罰の禁止規定は、1879（明治12）年の教育令以来一貫して受け継がれてきた。文部科学省によれば、体罰には、殴る、蹴るなどの身体に対する侵害はもとより、端坐、直立などの特定の姿勢を長時間保持させることで肉体的苦痛を与えるような懲戒も含まれる。加えて、トイレに行かせない、または子どもを教室内に入れず授業を受けさせないなども、不適切な懲戒行為とされる。

懲戒の実施や、校則の制定など、教師の児童・生徒に対する権力行使の根拠として、従来挙げられていたのは特別権力関係論であった。特別権力関係論とは、行政主体（国や地方公共団体）によって特定の公の目的に供用される建設

物・施設である「営造物」を、私人が使用する場合、行政主体は、法律の規定に拠らなくても、私人に対して強制的命令を発したり、規則を定めることができるとする理論である。特別権力関係論は「営造物理論」とも呼ばれ、君主制国家の官僚に対する支配を強化するために創出された、19世紀のドイツ国法学の理論である。この理論によれば、営造物としての学校を利用する私人は児童・生徒ということになり、教育・指導という学校に課せられた公共の目的に供される施設としての学校では、学校設置者としての行政主体がその管理者として、児童・生徒を支配し服従させる特別に強められた権力関係が発生する。

戦後、このような学校設置者としての行政の側からの一方的な権力行使を容認する特別権力関係論に対する批判が出された。その批判では、学校による児童・生徒に対する権力の行使のあり方は、「契約」として予め明文化されるべきであり、それらが「契約」である以上、権力の行使を受ける側、すなわち児童・生徒やその保護者の了解・承認が必要であるとされる。例えば、在学契約説では、児童・生徒と学校設置者は、契約の当事者として対等だと見なされる。在学関係は、学校設置者と児童・生徒、保護者との間の対等な「教育法上の契約関係」であり、校則は両者の合意によって締結された契約内容を示すものと考えられる。学校が校則を一方的に制定することはできず、校則の内容について、学校と児童・生徒、保護者との間には、事前の基本的合意が必要とされる。ただ、多数の児童・生徒に対して教育を行う学校が、個別の児童・生徒と契約を交わす

ことは事実上不可能であり、児童・生徒が入学するたびに、学校側と入学者は、契約内容を不断に更新し続けなければならなくなる。そのため、校則は附合契約に過ぎないとする考え方もある。附合契約とは、水道・ガス・電気・通信・新聞など、不特定多数の相手に大量の同種の取引を行うときに締結される契約だが、このような一方通行かつ多量の取引では、契約条件を個別的に交渉し合意に達しようとすれば、そのためのコストが膨大となり非能率極まりない。そのため、サービスの提供者が、前もって契約内容(約款)を定めておき、サービスの受け手に対しては、契約にあたってその約款を示すことで、いわば画一的・形式的に契約への合意がなされたとみなす。校則も、このような附合契約に準ずるものと考えるのが、附合契約説である。ただ、附合契約は、電気、ガスの供給に関するもののように独占的企業と結ばれるものであることが多く、他の企業と契約することは事実上不可能である。消費者は、独占的企業によって一方的に定められた約款を受け入れるほかない（受け入れなければ、代替手段がないので、電気、ガスなどライフラインの提供を受けられなくなってしまう）。このように、附合契約は、契約当事者の間に大きな力の差異がある取引の際に結ばれるものであり、契約の内容は、独占的企業のような強者の側に有利になりがちであるという問題点がある。

　しかも、電気・ガス・水道の供給契約や鉄道運輸のような契約を考えれば、サービス供給を希望する場合は契約を締結するかしなく、消費者の自由は実際上ないので、一方

的に決定された契約内容を無条件に受諾せざるをえなくなる。附合契約説に立って校則を考える際、それが契約であるという実質的な意味を失わないような留意が必要である。

　教育裁判では、校則による児童・生徒の行動の制限あるいは禁止が、児童・生徒の幸福追求の自由を侵害するのではないかと言う点が争われるケースがある。例えば、東京学館バイク禁止事件をめぐる裁判では、原告生徒は、校則によるバイク取得禁止・免許取得禁止が、憲法13条の保障する幸福追求権を害するものだと主張した。最高裁は、憲法による自由権の保障は、本来国と個人との間の関係についての規定であり、私人間の関係に適用されるものではないとし、バイクを取得したことを理由に高校側から自主退学を勧告されたことについて、直接憲法に違反するかどうかを論じることはできないとした（1991年）。校則をめぐる裁判では、これまで、学校側の裁量の余地が認められ、原告側の児童・生徒の訴えが退けられることがある。

6．カリキュラム基準の変遷

　ここからは、教育内容、すなわち「内的事項」に関するマネジメントの構造を見ていこう。教育内容の構造はカリキュラム、あるいは教育課程と呼ばれる。カリキュラム curriculum のラテン語源 currere は、競走場、競走路という意味を持ち、一定の順番で辿る道筋のことをいう。そこから転じて、学校で教えられる科目の内容と時間配分などの教育計画をカリキュラムと呼ぶようになった。

　小学校の場合、学校教育法施行規則第50、51条におい

第2章　学校教育の制度と経営　　67

て、①教科・科目名（国語、社会、算数、理科、生活、音楽、図画工作、家庭、体育、外国語）、②特別の教科である道徳、外国語活動、総合的な学習の時間、③特別活動（学級活動、児童会活動、クラブ活動、学校行事）、および④授業時数が規定され、カリキュラムの大枠が規定されている（ただし、ここでいうクラブ活動は、中学校・高校における部活動とは異なる。中学校・高校における部活動は課外活動であり、学習指導要領に規定されている③特別活動には規定がない。「生徒の自主的、自発的な参加が前提」となるため、部活動への参加は児童・生徒の義務ではないから、児童・生徒全員が行うわけではない）。

例えば、小学校1年生の場合、標準授業時数は850単位時間であり、その内訳は、国語は306、算数136、生活102、音楽68、図画工作68、体育102、特別の教科道徳34、特別活動34である。小学校2年では910時間、3年では980時間、4〜6年1015時間である。なお、小学校の単位時間は45分、中学校の単位時間は50分である。

カリキュラム、教育課程の大枠は学校教育法施行規則に定められており、その具体的内容を詳細に規定するのが**学習指導要領**である。学習指導要領は、文部科学省が告示する教育課程の基準であるが、これが教育課程の細目的基準（絶対的基準）なのか、大綱的基準（指導助言的基準）に過ぎないのかについては論争がある。学習指導要領はもともと、敗戦直後の1947年、当時の文部省が「試案」として示したものである。だが、1958年以降は官報告示となり、文部省は法的拘束力を有すると主張してきた。教育を取り巻

く状況の変化に応じるべく、おおよそ10年に一度改訂が加えられ、直近の改訂は2017年（小・中学校。高等学校は2018年）に行われている（幼稚園教育要領・保育所保育指針も、平成以降は、学習指導要領と同時期に改訂・改定が行われてきた）。

　学習指導要領の変遷を簡単に振り返っておこう。1950年代半ばから、日本は未曽有の高度経済成長期（1955〜73年）に突入した。経済発展を促進するためには、産業界を牽引する有能な技術者・労働者の育成が必須と考えられ、教育への支出は、経済発展・産業振興を実現するための、優秀な素質を持つ人材（ハイタレント・マンパワー）への先行投資だとする考え方が打ち出された（人的資本論、教育投資論）。1960年代には、戦後初期に普及したデューイ主義に基づく経験主義教育が、学力低下を引き起こしているという批判を受けて退潮し、1968〜70年に告示された学習指導要領では、系統主義的な学問中心カリキュラムに基づく「教育内容の現代化」が目指され、教育内容は大幅に難化・高度化した。

　1960年代から70年代には、教育内容の難化・高度化と、戦後生まれのベビーブーマー世代、いわゆる「団塊の世代」が学齢期に達したこともあり、学歴競争が激化した（受験戦争）。同時に、七五三現象（授業についていける子どもの割合が、小学校で7割、中学校で5割、高校で3割に留まるとされた）と呼ばれるように、授業に付いていけない児童・生徒の出現・増加が社会問題とされるようになった（落ちこぼれ）。

第2章　学校教育の制度と経営

1970年代から80年代にかけては、校内暴力、非行、いじめ自殺、おちこぼれ、体罰、管理主義など、学校の場での教育問題の噴出が大きく報道され、世間の注目を集めた。これらの子どもたちの「荒れ」の背景には、受験競争に晒されるストレスがあると喧伝された。1977〜78年告示の学習指導要領では、過大な教育内容と、それがもたらす受験戦争の激化が、子どもたちの生活上、心理上の「ゆとり」を失わせているという認識が示され、これ以降、2000年代初頭に至るまで、教育内容は削減の一途をたどった。

　1984年、閉塞的かつ悲観的な教育をめぐる世論の転換を目指した中曾根康弘首相は、臨時教育審議会（略称・臨教審）を首相直属の諮問機関として発足させた（根拠法は臨時教育審議会設置法）。1987年に至るまで4次にわたって断続的に出された臨教審答申においては、教育の自由化（市場化）、個性の重視、国際化への対応、関心・意欲・態度を学力の要素として見なす新学力観などが謳われ、これらの方針はその後20年以上にわたる教育改革の基本方針となった。臨時教育審議会は1987年に第4次答申を提出したのち解散したが、その新自由主義的（市場の重視、個人選択の尊重）な教育改革の方向性は、教育改革国民会議（2000〜01年）、教育再生会議（2006〜07年）、教育再生実行会議（2013〜21年）などの首相直属の教育関連の諮問会議に引き継がれていく。

　臨教審答申を受けた1989年告示の学習指導要領においては、小学校低学年で生活科が導入されるなど、子どもの生活を中心とした経験主義的なカリキュラムが復権し、「み

ずから学ぶ意欲」、「自己教育力」が重視された。

　1998〜99年告示（2003年に一部改正）の学習指導要領では、いわゆる「ゆとり教育」の推進が図られた。教育内容の3割削減、学校完全週休2日制の導入と共に、子どもが身近な社会情勢や自然事象に接する中で学ぶ合科的な「総合的な学習の時間」の新設が注目された。なお、2003年一部改訂の際、学習指導要領に示されていない内容を指導することができることを明確化し、学習指導要領があくまで「最低基準」であることが強調された。

　学力低下、学力の格差拡大を問題視する世論を受けた2008〜09年告示の学習指導要領では、「生きる力」と共に「確かな学力」がスローガンとして継続して掲げられ、「自己教育力」、自ら学ぼうとする意欲を伸ばすことを重視する方向性が引き継がれた。この方向転換は、「ゆとり教育」の終焉（えん）を意味するものといわれている。「確かな学力」を重視する方針は、2017年告示の学習指導要領でも強調されている。2017年改訂では、「アクティブ・ラーニング」（主体的・対話的で深い学び）として、子どもたちが自ら意欲的に身近な生活の場面の中に課題を見出し、他者とコミュニケーションをとりながら学びに向かうことの意義が強調されている。加えて、学校、あるいは教育課程が家族や地域社会の社会資源を活用しつつ、家族・地域共同体と連携してカリキュラムの編成をすること、そのために地域の実情に合わせた学校の創意工夫が求められている（社会に開かれた教育課程）。

　なお、この間の小学校の授業時間数の推移は、次のよう

になっている。1961年：5821、1971年：6135、1980年：5785、1992年：5785、2002年：5367、2011年：5645、2020年：5785である。1971年がピークで、その後漸減して2002年に底を打ち、2011年より増加している。

　幼稚園教育要領は、学習指導要領の改訂に合わせて改訂されてきた。保育所保育指針の改定も、幼稚園教育要領の改訂と前後して行われることが一般的である。幼稚園教育要領は、1956年に文部省局長通知として初めて示され、1964年に文部大臣告示となり、1989年、1998年、2008年、2017年に改訂されて今日に到る。保育所保育指針は、1965年、1990年、1999年に厚生省局長通知として示され、2008年に到って厚生労働大臣の告示となった。現行の指針は、2017年告示のものである。幼稚園教育要領、保育所保育指針共に、1960年代以降は保育内容を「領域」として示してきた。1960年代においては「領域」はねらいの枠組みであったが、1980年代においては「領域」は、子どもの発達を捉えるための視点として位置づけなおされ、その意味合いが大きく変わった。

　学習指導要領の位置づけ、ひいては教育課程、教育内容の決定権の所在については、1960年代末から、いわゆる教育権論争の中で激しく議論されてきた。教育権論争では、教育内容、教育課程の決定権が国家にあるか、国民にあるかが争われた。教育権論争は、学習指導要領の合憲性をめぐる一連の教育裁判（代表的なものに、旭川学テ事件裁判、伝習館高校事件裁判がある。本章で後述）。一方の国家の教育権論によれば、国家の教育課程の決定権の根拠は、学校

教育法第33条に求められる。同条は、小学校の教育課程に関する事項は文部科学大臣が定めるとしている。

対して、国民の教育権論は、国民（ここでいう国民は、第一に保護者の信託を受けた各学校の教師）に教育課程の決定権があるとする。国民の教育権論の立場からは、小学校学習指導要領総則における、各学校が、地域・学校、児童の状況を考慮し教育課程を編成するという規定の中での「各学校」は、個々の教師だと見なされる。

両者の間の論争に一定の決着をもたらしたのが、旭川学テ事件の最高裁判決（1976年）である。旭川学テ事件とは、文部省の指示によって全国の中学2、3年生を対象とする全国中学校一斉学力調査（通称学テ、1956～65年）の実施に際して、北海道旭川市立永山中学校において、学テ実施に反対する教師が、学テの実力阻止を行ったため、公務執行妨害罪などで起訴された事件である。本事件の最高裁判決では、児童・生徒の能力、教師の影響力、全国的な一定の教育水準の確保の要請を考えれば、教師に「完全な教授の自由を認めることはとうてい許されない」として、教師の教授の自由は合理的範囲において制限されるとし、学テは合憲であるとして、その実施を妨害した被告の教師に公務執行妨害罪の成立を認めた。最高裁判決では、国家の教育権論、国民の教育権論共に両極端であるとして退けられ、国家と国民の双方が教育内容の決定に関与できるとする折衷がなされた。この判例の確定以降、国が教育課程の基準設定権を、学校が教育課程の編成権を担うとする一定の分業がなされると考えられるようになった（ただし、教

育課程の編成権を担う「学校」が、校長を指すのか、個々の教師を指すのかについては、議論の決着を見ていない)。

「教育内容の基準」としての学習指導要領が細目的基準（絶対的基準）なのか、大綱的基準（指導助言的基準）に留まるのかについても対立がある。この点が問われた伝習館高校事件最高裁判決（1990年）では、学習指導要領の法的拘束力は合憲とされた。伝習館高校事件とは、福岡県立伝習館高校の社会科教諭らが、高等学校学習指導要領の目標・内容を逸脱した指導、教科書使用義務違反、考査の不実施、一律評価などを、年間を通じて継続的に行ったことを理由に懲戒免職処分を受けたものである。教諭らは、処分を行った福岡県教育委員会を被告として、処分取消訴訟を提起した。最高裁の見解としては、高等学校における教育の具体的内容・方法について、教師に認められるべき裁量を前提としたとしても、本件は明らかにその範囲を逸脱しており、日常の教育のあり方を律する学校教育法の規定や学習指導要領の定めに明白に違反するとし、教諭1名の懲戒免職処分については、教育委員会は裁量権の範囲を逸脱したものとはいえないとして、懲戒処分を認めた。

各学校における教育課程の編成にあたっては、PDCAサイクルの導入が強く求められてきた。PDCAサイクルの含意とは、教育活動充実のため、教育課程・指導方法を不断に見直すことを各学校に求めるということである。各学校が置かれた環境や条件は多様であり、それら地域環境の実態に応じ、地域社会の構成者たりうる人間の育成を目指すカリキュラム編成が必要と考えられているのである。2017

年告示学習指導要領においては、社会や世界の状況を幅広く視野に入れ、よりよい学校教育を通じてよりよい社会を創るという目標を持ち、教育課程を介してその目標を社会と共有していくことをカリキュラム編成の目的としている(社会に開かれた教育課程)。

　PDCAサイクルをカリキュラム編成に導入することが求められているのは、幼稚園・保育所等、幼児教育施設においても同様である。幼稚園においては教育課程、保育所・幼保連携型認定こども園においては全体的な計画の作成が義務付けられ、それに基づいた教育・保育への評価が実施されている。

第 2 章の学習課題

①戦後日本における教育行政の特質について、民主化、地方分権、首長という語を用いて説明しなさい。

②戦後日本の学校組織の特色と、その改革の取り組みについて、なべぶた型、主幹教諭という語を用いて説明しなさい。

③1970 年代から 80 年代にかけての教育改革の方向性について、教育問題、臨時教育審議会という語を用いて説明しなさい。

第2章の重要ワード（登場順）

内外事項区分論

民主制・民衆統制の原理

地方分権・地方自治の原理

一般行政からの独立の原理

複線型

分岐型

単線型

一条校

重層構造論

単層構造論

なべぶた型組織

職員会議

PDCAサイクル

カリキュラム・マネジメント

学年制

PTA

学校評議員

学校運営協議会（コミュニティ・スクール）

懲戒

体罰

学習指導要領

第 3 章

教員の職務と
それを支える制度

1．専門職としての教員

本章では、教職の役割、教員の職務内容、それを支える制度について見ていこう。日本における教職の要件は、制度と同様に、法規（国会が定める法律、政府が定める政令、各省庁が定める省令、各自治体が定める条例など）によって規定されている。

ところで、日本人が思い描く「教師」「教員」のイメージとは、どのようなものであろうか。教師・教員を主人公とする映像作品は、さかんに製作・放映されているため、そのような作品に触れることで、教師・教員像が培われることも多いだろう。古くは木下恵介監督「二十四の瞳」（1954年公開）の大石先生や、TBS系列ドラマ「3年B組金八先生」（1979～2011年放映）の坂本先生、フジテレビ系列ドラマ「GTO」（1998年放映）の鬼塚先生、日本テレビ系列ドラマ「ごくせん」（2002～08年放映）の山口先生のように、性別を問わず「熱血」で「教え子思い」、「献身的」であることが、「よい教師・教員」の条件であると考えている人も多いのではないだろうか。つまり、専門職として教育技術に熟達していることより、情緒的な関係性の濃密さを維持できる人格的な資質を有していることの方が、「教師」の適性として優先されてきたのである。このような「よい教師・教員像」は、教師・教員自身も同様に抱いていることが知られている。しかしながら、日本テレビ系列ドラマ「女王の教室」（2005年放映）の主人公で、強権的な態度を見せる阿久津先生が登場したことなどからは、TVドラマにおける教師像は、2000年代に入って多様化し、ゆらぎを見せてい

るともいえる。

　日本における教師・教員自身の職業認識として圧倒的なものが、「忙しい」職業だというものである。というのも、日本には、子どもたちに対して熱心であることを職業的価値とする文化、戦前からの自己犠牲、献身的教師像が根強く存在してきたからである。

　日本における教師像・教師観として、従来、次の三つの類型が挙げられてきた。

①**聖職者論**　聖職者論の典型は、初代文部大臣の森有礼(もりありのり)の思想の中に見られる。森は、教師を「教育の奴隷」「教育の僧侶」と規定し、自らの生命をなげうってでも、教育のために粉骨砕身するべきだと述べている。聖職者は、至高の存在から与えられた使命に基づいた役割を果たすものであるから、その使命を果たすこと自体に悦(よろこ)びを感じるとされる。それゆえ、自らの役割の崇高さを実感している聖職者は、劣悪な待遇にも耐えることができるのであり、耐えるべきであるとされる。このような、献身的、自己犠牲的な態度で教育に専心し奉仕する、強く規範化された教師像を聖職者論という。日本社会の中に、今日に至るまで根強く残り続けてきた教師像の一つである。

②**労働者論**　労働者論は、聖職者論を批判したうえで、教師を、労働権を含めた人権の主体として位置づける。教師を人間として位置づけ、自らの生活の質を向上させたいという要求を持つことは当然であると見なす。労働者論の典型は、戦後間もなく結成された、日本教職員組合（日教組(にっきょうそ)）の倫理綱領に見ることができる（1952年）。そ

こでは、「教師は労働者である」と規定したうえで、教師の労働基本権の保障が求められている。

③**専門職論**　専門職論は、教師を、深い教養を基礎として、特殊かつ高度な専門的知識・技能を有する専門職と捉える見方である。専門職論は、1966年、ILO（国際労働機関）とユネスコの共同勧告「教員の地位に関する勧告」で示されて以降、広く知られるようになった。この勧告では、教師を、厳しい不断の研究によって獲得・維持される卓越した知識や専門的技術を有し、かつ、子どもの教育と福祉に対して、教師個人の責任感・教師集団としての責任感を抱く専門職だとしている。そのうえで、教師の社会的地位の向上、処遇改善のため、研修の機会の保障、労働条件の改善、市民的権利の保障などの必要性が訴えられている。

専門職であることの古典的な条件は、教育学者マイロン・リーバーマンが掲げた8つの項目が知られている。①職務の範囲が明確であり、社会的に不可欠な仕事に独占的に従事していること、②高度な知的技術を有していること、③長期の専門的教育を受けていること、④個人的・集団的自律が保障されていること、⑤判断・行為への直接的責任を負うこと、⑥社会に対する奉仕を目的としていること、⑦包括的かつ自治的な職業団体を有すること、⑧具体的な倫理綱領が定められていることである。

ただ、教師が何の専門職であるかについては、いくつかの見解が出されている。一つは、例えば物理の教師は、優れた物理学者でもあるべきだというように、教師とは教育

内容のプロフェッショナルであるとする、教師＝アカデミシャン論であり、もう一つは、教師は、教育内容のプロフェッショナルであるより、教育方法、教育技術のプロフェッショナルであるとする教師＝エデュケーショニスト論である。優れた学者、研究者が、必ずしも自らの専門分野における一流の教師ではない。一流の音楽家が必ずしも一流の音楽教師ではなかったり、一流のスポーツ選手が必ずしも一流のコーチとはいえないケースがしばしばあることを念頭においても、技能のスペシャリストが、同時に、その技能を伝授するスペシャリストでもあるわけではないという論には説得力がある。

専門職としての教師の養成は、大学等の教職課程を履修することによって行われている。我が国において、学校(いわゆる「一条校」、および幼保連携型認定こども園)の教員(法令上は「教育職員」)になるためには、原則として、教員免許状を有していなければならない（教育職員免許法第3条）。これを**相当免許状主義**という。

教員免許状には、①普通免許状、②特別免許状（教育職員検定合格者に授与。社会人登用を狙う制度で、授与都道府県のみ有効。効力の期限なし)、③臨時免許状（教育職員検定合格者に授与。授与都道府県のみ有効で、効力は3年間。助教諭とは、臨時免許状を有し、教諭の職務を助ける学校職員のこと）の三種類が存在する。

普通免許状にはさらに三種類があり、それぞれ基礎資格と必要とされる教職科目の単位数が異なる。すなわち、専修免許状（基礎資格・修士の学位）、一種免許状（学士の学

位)、二種免許状（短期大学士の学位、または準学士の称号）である。免許状の取得に必要とされる教科科目、教職科目の必要単位数は専修、一種、二種の順で少なくなっている。幼稚園教諭の場合、専修免許状83単位、一種免許状59単位、二種免許状39単位、小学校教諭の場合、専修免許状91単位、一種免許状67単位、二種免許状45単位がそれぞれの最低修得単位数となっている。

　教職課程の必要単位を取得し申請を行えば、都道府県教育委員会から教員免許状が授与されるため、免許状取得に当たって国家試験は課されない。なお、二種免許状取得者には、一種免許状への切り替え（上進）を目指す努力義務がある。上進に必要な単位数は、勤務年数、大学を卒業しているか否かによって変わる。例えば、大学を卒業していない者で、勤務年数が12年以上である幼稚園教諭二種免許状保有者の場合、10単位以上修得することによって、一種免許状への上進ができる（大学を卒業している場合は、勤務年数6年で、同様の条件で上進が可能となる）。

　保育士資格は、厚生労働省が認可した指定養成施設を卒業するか、保育士試験に合格することで取得できる。条例で定められた設置基準を満たす認可保育所においては保育士の有資格者が保育職員の全てを占めるが、定員20名未満の小規模保育においては、保育職員の半数が有資格者であればよいとされており、無資格者が保育補助者として保育に従事している現状がある。

　戦後の教員養成は、大学で行うことが原則とされてきた（大学における教員養成）。同時に、大学・学部、大学の国

立・公立・私立を問わず、必要とされる科目の単位を取得すれば教員免許が取得できる**開放制**を原則としてきた。これらの原則は、戦前の教員養成に対する反省から形づくられたものである。戦前においては、官立学校であった師範学校という教員養成に特化した目的養成の形態をとっていた(師範学校は、高等小学校卒業後、二年間の予科を経て入学する二年制の教員養成学校である。卒業後は教員としての奉職が義務付けられ、大学・専門学校への進学を想定していない「袋小路」であった。師範学校だけが教員養成に特化する養成システムを、戦後の開放制に対して閉鎖制という)。師範学校においては、教育内容、教科の学習内容に対する教師の深い知識や理解よりも、教育のための些末な技術の習得に重点が置かれ、「師範型」と軽蔑されるような、人間的魅力に乏しい権威主義的な教員が多く育ってしまったのではないか、というのが戦前の師範学校に対する戦後の反省であった。さらに、戦前の義務教育学校では、代用教員として、教職に関する専門教育を受けていない無免許の教員が多数存在していた。このことの反省から、前述の相当免許状主義の原則が、戦後設けられたのである。

ただ、幼稚園教諭の場合は、現在に至るまで短期大学・専門学校等の二年制課程における養成が過半を占めており、小学校・中学校教諭などにおける「大学における教員養成」の例外となっている。2016年度時点での幼稚園教諭免許状種類別の教諭構成は、一種が27.2%、二種が68.0%、専修が0.5%となっており、二種が7割近くを占めていた。小学校教諭では、専修・一種を併せて8割超、中学校教諭

では、専修・一種を併せて9割超となっており、幼稚園教諭との差異は著しい。

現在では、教員を専門職として捉える見方が一般的となっている。専門職とは、①長期にわたる訓練の結果、②高度な知識と技術を有し、③高い使命感と倫理観の下に、④自律的に職務を遂行する職業である。専門職としての教員は、自らの専門性を不断に高めるよう努力しなければならない。この自己研鑽の義務について、教育基本法第9条においては、次のように規定されている。

> 法律に定める学校の教員は、自己の崇高な使命を深く自覚し、絶えず研究と修養に励み、その職務の遂行に努めなければならない。
> 2 前項の教員については、その使命と職責の重要性にかんがみ、その身分は尊重され、待遇の適正が期せられるとともに、養成と研修の充実が図られなければならない。

ここでは、教員に課せられた使命の重要性にかんがみて、絶えず**研修**に励み、自己研鑽を行う義務が定められている。さらに、教員の重大な使命に照らして、国や地方公共団体は、適正な待遇と、教員養成、研修の機会を保障するべきことが定められている。

教育公務員特例法第22条は、「教育公務員には、研修を受ける機会を与えられなければならない。②教員は、授業に支障のない限り、本属長の承認を受けて、勤務場所を離

れて研修を行うことができる」と規定している。教員の研修は、教員の権利であるだけでなく、国民全体に対して負う義務でもある。

都道府県が実施する全職員対象の研修には、初任者研修や中堅教諭等資質向上研修などがある。初任者研修の内容は学習指導・生徒指導における教員にとって最低限必要となる事項である。新採用から1～5年以内の教員が研修対象となる。

中堅教諭等資質向上研修は、中堅教員として必要な資質の育成や向上を目的としている。主に経験年数が10年を超える教員が研修対象である。

このほか、教職経験に応じた研修として5年経験者研修や20年経験者研修、職能に応じた研修として、生活指導主任研修や新任教務主任研修などがある。

管理職を対象とした研修として新任教頭・副校長研修、新任校長研修などがある。これらの研修の内容は、人材育成、学校経営に関するマネジメントなどである。

教師の専門性と一言でいっても、我が国の教員には、授業以外の様々な業務を同時平行的にこなしているため、専門性についての明確なイメージを持ちにくい。法律で定められた総勤務時間に占める実際の授業時間の割合に関する国際調査を見ると、日本が約3割なのに対し、スペイン約6割、韓国約5割となっており、OECD(経済協力開発機構)に加盟している先進諸国の平均を大きく下回る現状がある。

加えて、教員の長時間勤務が恒常化している。文部科学

省の勤務実態調査では、1ヵ月の残業時間が持ち帰り業務も含むと、小学校で平均82時間、中学校で平均100時間の超過勤務となっており、月80時間超の時間外労働である「過労死ライン」を超過している（2022年度）。ただ、月80時間の時間外労働に従事している教員の割合は、中学校で36.6％、小学校で14.2％となっており、前回調査の2016年度よりは、それぞれ2割程度減少している。

　日本の教員たちには、知識・技能の教育だけでなく、多くの児童・生徒と生活を共にし、心身の成長を援助するという、困難かつ複合的な役割が期待されている。このような、職務内容の複雑性、あるいは、役割の無限定性が、教師の疲労感、多忙感を増している原因の一つといえるであろう。教師の職務は、自己の感情をコントロールしつつ、子どもや保護者などに対して、心理的にポジティブな働きかけをすることが求められる感情労働としての性格が強まっており、それが教師のストレス強度を高めている。

　子どもたちが教師に求めているものを見てみよう。小学生・中学生・高校生のそれぞれに、尊敬している教師の特徴を訪ねた調査がある（ベネッセ教育総合研究所「教員のイメージに関する子どもの意識調査」2014年）。それによると、小学生は、「授業（教え方）がわかりやすい」、「わかるまで教えてくれる」、「友だち（仲間）の大切さを教えてくれる」、「クラスのまとまりを大切にする」、「学校などのきまりやルールを守るように言う」など、学習・生活両面の指導力を求めている。中学生・高校生が、教師に最も求めているのは「どの子どもにも公平に接する」ことであっ

た。さらに、小・中・高校生のいずれにも共通しているのは、「困ったときに相談できる」、「自分に期待してくれる」など、子どもにとって信頼できる心理的・情緒的拠りどころとしての教師の資質であった。子どもたちは教師に、単に指導力を求めているのではなく、心理的・情緒的安心感を与えてくれることを期待しており、教師への役割期待が、多元的なものであることが見てとれる。

教師の職業病として、バーンアウト（燃え尽き症候群）に伴ううつ病罹患が多いことが知られている。2021年度にうつ病など精神疾患を理由に休職した公立小・中・高・特別支援学校の教職員は前年度より694人増えて5897人となり、過去最多を更新している。

2．教育公務員としての義務

2023年現在、幼稚園から高校までの専任教職員の数は122万人あまりに上る（高等専門学校除く）。これは、単一職種としては看護師に続いて多くなっている。このうち、国公立学校に勤務する教員が90％ほどであり、2割に満たない私立学校勤務の教員を圧倒している（なお、私立学校教員の半数は幼稚園勤務である。全幼稚園数の6割以上は私立である）。このことは、言い方を変えれば、義務教育を担う教員の多くは公務員であるということである。特に、義務教育段階の学校教員を目指すということは、「教育公務員」を目指すということでもある。そのため、教員志望者は、公務員の位置づけを深く理解しておかなければならない。

日本国憲法第15条2項には、「すべて公務員は、全体の奉仕者であつて、一部の奉仕者ではない」とある。これを受けて、地方公務員法第30条は、「すべて職員は、全体の奉仕者として公共の利益のために勤務し、且つ、職務の遂行に当たつては、全力を挙げてこれに専念しなければならない」と定め、公務員の「全体の奉仕者」としての性格と、職務への専念義務を定めている。公務員が「全体の奉仕者」であるということは、公務員が、常に国民全体の利益のために職務を遂行しなければならず、特定の政党や階級など一部の利益を追求してはならないことを意味している。

　当然、教育公務員としての教員にも、以上の規定が適用される。なお、教育公務員は、教育公務員特例法第18条によって、地方公務員より厳しい、国家公務員に準ずる政治的行為の制限が課せられている。教育公務員に禁じられる政治的行為とは、政党・政治的目的のために寄付金を集めること、公選による公職の候補者となること（選挙への立候補）、政党など政治的団体の役員となることなどである。地方公務員は、投票に関する勧誘運動、署名運動などの政治的行為を、勤務する区域外なら行うことが可能だが、教育公務員は地方公務員でありながら、勤務する区域外であってもこれらの行為が禁止される。つまり、教育公務員の政治的行為禁止の適用範囲は、勤務地の内外にかかわらず、全国に及ぶ。

　地方公務員の義務としては、職務を遂行する際に守るべき**職務上の義務**と、職務遂行中であるか否かを問わず守るべき**身分上の義務**の二つがある。

職務上の義務としては、以下のようなものがある。服務義務に従うことを宣誓(せんせい)する義務、法令等を遵守し、上司の職務上の命令に従う義務、なすべき職務に専念する義務、である。

　身分上の義務としては、以下のようなものがある。交通事故、飲酒運転などの道路交通法違反、窃盗(せっとう)、万引き、わいせつ行為、贈収賄(かい)、ハラスメント行為などの**信用失墜行為の禁止**（地方公務員法第33条）、職務上知り得た秘密を、退職後に至るまで漏らしてはならないとする**守秘義務**、政党・政治的団体への勧誘や、それらを支持、反対する政治的行為をしてはならないとする**政治的行為の制限**（前述）、ストライキ（労働者が集団で労務の提供を拒否すること）、怠業(たいぎょう)（労働者が団結して作業の能率を落とすこと。サボタージュ）などの争議行為をしてはならないとする争議行為等の禁止、任命権者の許可なしに営利企業等に従事してはならないとする営利企業等の従事制限である。

　以上の義務に違反した場合、または、不適切な振る舞いがあった場合には、分限(ぶんげん)処分、懲戒(ちょうかい)処分が下される。

　公務員としての教職員は、地方公務員法において、強い身分保障が与えられている。しかしながら、特段の非違行為があったわけではないが、心身の故障等がある、教職員として不適格であるなど、一定の事由がある場合、本人の意志に反して、身分上の変動を伴う処分を行うことを**分限処分**という。分限処分には、降任、免職、休職、降給の4つの種類がある。分限処分がなされた事由の具体例としては、長期あるいは繰り返して欠勤する、無断で欠勤、遅刻、

第3章　教員の職務とそれを支える制度　91

早退をする勤務を欠いたり、病気休暇・年次休暇などが承認されていないのに、病気等を理由に欠勤するなどがある。

非違行為があった場合の**懲戒処分**には、戒告、減給、停職、免職の4つがある（地方公務員法第29条）。懲戒処分の事由としては、法令に違反した場合、職務上の義務の違反や怠業、非行などである。戒告に至らないような軽微な職務上の義務違反に関しては、上級の職員により、訓告、口頭注意などの行政措置により、注意を喚起することがある。訓告は、戒告と違って法律上の処分ではない。

懲戒免職処分を受けた教員の教員免許状は失効する。懲戒免職による免許状失効の場合、失効から3年後に再取得が可能となる。

2021年度に懲戒処分・訓告等を受けた教員は、4674人であった。そのうち、体罰による処分等を受けた教員が343人、性犯罪・性暴力等による処分を受けた教員が216人であった。

3．教員の給与・勤務

公務員の給与の原則として、①職務給の原則、②生計費考慮の原則、③給与法定主義の原則、④給与均衡の原則などが挙げられる。教育公務員の給与も、これらの原則に沿うものである。教育の機会均等と、その水準の維持向上のため、全国の公立学校教員の給与は平準化されている。

2021年度の総務省調査によれば、大卒の公立小・中学校教諭の初任給の平均額は20万9495円であった（高等学校教員の場合は20万9531円であり、ほぼ同額）。なお、公

立小・中学校教諭の平均年収は約665.6万円となっている（幼稚園教諭含む）。公立学校の教員に適用される給料表は、条例により、学校種別に定められており、昇給は、原則として年1回行われる。

既に述べたように、教育公務員は労働基本権の一部を制限されていることから、その給与の適正化を図るため、第三者機関である人事委員会は、最低でも年1回、給料表が適正であるかどうかを、地方自治体の議会、及びその長に報告する。仮に、給料額を増減することが適当とされるときは、その旨を勧告することができる。これを、人事委員会勧告という。

教員の給与に関しては、公立学校では、国がその3分の1、3分の2は都道府県の負担となっている。この制度に基づく市区町村立の義務教育諸学校の教職員を、**県費負担教職員**と呼ぶことがある。

既に述べたように、小学校、中学校などの義務教育諸学校の管理・運営は、市区町村の義務である。学校運営に関わる費用は、設置者が負担する（設置者負担主義の原則）。ところが、市区町村立の義務教育諸学校の教職員の人件費に関しては、例外が設けられている。これが、先に述べた**県費負担教職員制度**である。この制度の下では、教職員の任命権は、都道府県教育委員会に属し（地方教育行政法第37条）、給料その他の給与は、都道府県が負担する（市町村立学校職員給与負担法第1、2条）。しかしながら、服務監督権は、市区町村教育委員会に属する（地方教育行政法第43条）。これは、教職員の人件費を、都道府県が負担す

ることによって、貴重な人材を安定的に確保し、継続的に雇用することを目指して設けられた制度である。

　公務員としての教職員は、報酬を得る兼職・兼業は、原則として禁止されている（地方公務員法第38条）。ただし、教育公務員は、教育に関する他の職、事務・事業の兼職に限り、特例が認められている（教育公務員特例法第17条）。

　このほか、学校職員には、管理職手当、初任給調整手当、地域手当など、諸手当が支給される。その中で重要なのは、義務教育等教育特別手当である。この手当は、1974年に施行された人材確保法に基づくもので、教員の給与を一般の公務員より優遇することを定め、教員に優れた人材を確保し、これによって義務教育水準の維持向上を図ることを目的として支給されるものである。このほか、原則として超過勤務手当を給しないかわりに、一律給与月額の4％が、教職調整額として支給されている（教職給与法、1971年）。このため、教育公務員の給与は、一般行政職の公務員より優遇されているといえる。

　教員の勤務時間は、都道府県の条例で定められる。勤務時間は1日当たり実働8時間以内、1週間に40時間以内と規定されている（労働基準法第32条）。休憩時間は、労働時間が6時間を超える場合は少なくとも45分、8時間を超える場合は少なくとも1時間の休憩時間を与えなければならない（労働基準法第34条）。

　教員は、原則として時間外勤務を命じられない。時間外勤務が命じられる場合は、(1)生徒の実習に関する業務、(2)学校行事に関する業務、(3)教職員会議に関する業務、

(4) 非常災害等のやむを得ない場合の業務の４項目に限定されているが（超勤４項目）、既に述べたように、これらに服するときにも、超過勤務手当は支給されない。なお、文部科学省による 2022 年度の勤務実態調査によれば、小学校教諭の 64.5％、中学校教諭の 77.1％が、国の指針における「月 45 時間」の上限を上回る時間外勤務をしている。

　公立学校教員は、条例で週休日が定められている（地方公務員法第 24 条６項、地方教育行政法第 42 条）。週休日に授業や行事を実施する場合、週休日以外に週休日が振り替えられる場合がある。このほか、年次有給休暇、病気休暇、慶弔(けいちょう)休暇、生理休暇、介護休暇等の様々な法定休暇制度がある。さらに、育児休業制度も設けられているが、この休業期間は無給となる（ノーワーク・ノーペイの原則）。ただし、公立学校教員が育児休業を取得する場合、公立学校共済組合から育児休業手当金が支給される。ただし、支給期間は、子が１歳に達するまでで、育児休業開始から 180日に達するまでの間は標準報酬日額の 67％、181 日以降は 50％ が支給される。

　教員の人事異動は、教員組織の充実、学校間格差の是正、学校の活性化、教員の資質の向上を目的として行われる。県費負担教職員の場合、校長は、市区町村教育委員会の内申を経て、任命権者である都道府県教育委員会に、教職員の人事異動についての意見を申し出ることができる（地方教育行政法第 36 条）。人事異動の際、本人の希望と承諾も考慮はされるが、それは必ずしも必要な条件ではないとされている。

4．学校組織の特色とその変化

　学校教育法では、各学校には校長、および教諭が必置とされている。学校の組織編成権は、教育委員会にある（地方教育行政法第23条）。校長は、校務をつかさどり、所属職員を監督する権限を持つ（学校教育法第28条）。ここから、教職員の**校務分掌**（ぶんしょう）に関しては、校長が決定権を持つと考えられている。校務分掌とは、学校の教職員が、校務を分担し、有機的に行えるように組織を編成することである。例えば、小学校には、教務主任及び学年主任が置かれる（学校教育法施行規則第44条）。教務主任は、学習指導に関わる分野を担当し、教育課程の編成・実施、時間割の調整、教科書・教材の取扱等に関して、関係教員への指導や助言を行う。学年主任は、校長の監督のもとに、当該学年の教育活動に関する事項について、連絡調整や、関係教員への指導・助言を行い、同一学年内の担任相互の協力関係が円滑なものになるよう努める。

　各学校における教員集団の意思決定は、戦後長らく、職員会議においてなされるものと考えられてきた。しかしながら、現在の学校教育法施行規則においては、職員会議は「校長の職務の円滑な執行に資するため」の機関であり、最終的な意思決定機関ではないとされている（同第48条）。

　さらに、学校教育法改正によって、2008年から副校長、主幹教諭、指導教諭などの、校長を補佐する新しい中間管理職を担う教員（ミドルリーダー）の職制が設けられ、各学校は、副校長、主幹教諭、指導教諭などを置くことができる。**副校長**は、「校長を助け、命を受けて校務をつかさど

る」(学校教育法第37条の5)。大規模校等に置かれる副校長は、教頭と異なり、マネジメントを専従的に行い、教育活動は行わない。**主幹教諭**は、教諭その他の職員に対して、一定の指示権限を持つ。**指導教諭**は、児童の教育のほか、「教諭その他の職員に対して、教育指導の改善及び充実のために必要な指導及び助言を行う」と規定されている。これらの、新しい中間管理職の制度化、校長のリーダーシップの強化は、従来の「なべぶた型」から、「ピラミッド型」組織へと、学校組織の構造を転換する起爆剤となる。学校組織の重層化は、今後一層進んでいくと考えられる。

なお、校長・副校長・教頭という管理職への女性の登用が近年進んでいる。2022年現在、女性管理職は1万5103人である。管理職に占める割合は22.3%となり、過去最高を更新した。

2021年度現在の校種別の女性教員の比率は、幼稚園93.4%、小学校62.4%、中学校44.0%、高等学校は32.9%、大学は26.4%であり、幼稚園・こども園を除いて過去最高を更新している(2021年度学校基本調査)。

一方、2020年現在、保育士の男女比率は、男性約4%に対し女性は約96%となっており、幼稚園と同様に圧倒的に女性比率が高い(厚生労働省)。しかしながら、男性保育士の割合は、2000年には1.29%、2010年には2.15%であったから、漸増傾向にあるといえる。

ミドルリーダーの導入による組織の重層化は、幼稚園、認定こども園のみならず、保育所においても進行している。幼稚園、認定こども園においては主幹教諭の設置が進んで

いる。保育所においては、地方自治体等が主催する保育士等キャリアアップ研修の保育士の受講が進んでおり、分野別リーダーの育成が図られている。キャリアアップ研修は、①専門分野別研修、②マネジメント研修、③保育実践研修の三つの枠がある。専門分野別研修は、乳児保育、幼児教育、障害児保育、食育・アレルギー対応、保健衛生・安全対策、保護者支援・子育て支援の6分野からなり、各専門分野に関してリーダー的な役割を担うことが期待される保育士が受講する。マネジメント研修は、副主任保育士の役割を担うことが期待される保育士が受講する。リーダーシップ、組織目標の設定、人材育成、働きやすい環境づくりなどが研修内容である。保育実践研修は、保育士試験合格者など保育現場で実習経験が少ない保育士、あるいは保育現場を離れて時間が経つ潜在保育士（保育士登録者数167万人中、6割に当たる102万人が潜在保育士）を対象としている。

　保育士等キャリアアップ研修は、処遇改善と関連付けられている。例えば、職務分野別リーダーは、①保育経験年数おおむね3年以上、②担当する職務分野の研修修了、③修了した研修分野に係る職務分野別リーダーとしての発令の条件を満たすとき、月額で5000円昇給される。

　副主任保育士は、①保育経験年数おおむね7年以上、②職務分野別リーダーの経験、③分野別研修のうち、マネジメント研修とそれ以外の3つ以上の分野の研修修了、④副主任保育士としての発令の条件を満たすとき、月額4万円昇給される。キャリアアップ研修と関連付けられた処遇改

善とは別に、全職員に対して月額で6000円程度の昇給が実施されている。

　厚生労働省「令和4年賃金構造基本統計調査」によると、保育士の平均年齢は38.8歳、平均勤続年数は8.8年であり、平均月給は26.68万円、平均賞与は71.21万円であるため、平均年収391.37万円である。なお、勤続年数、平均年収においては、公立保育所と私立保育所に大きな差はない。それと、制度化されて時間の浅い私立の認定こども園や小規模保育との間では、30万円弱の年収の格差がある（保育所と、これらの施設の間の平均勤続年数には3年程度の差があることが影響していると思われる）。

　同年の全産業の平均月給が31.18万円であるので、月収ベースで4.5万円の賃金格差があることになる。しかし、近年保育士の処遇改善が進められてきており、2018年からの5年間で、平均年収は34万円ほど増加している。

　幼稚園教諭、保育士共に、若年退職者が多いことによる勤続年数の短さが指摘されており、このことが平均給与の低さ、管理職への昇進を含む長期間にわたるキャリアコースを想定することの難しさにつながっている。保育士等のキャリアアップ研修は、研修による専門性の獲得と、キャリアアップ（職場内での昇進）、昇給を結び付けようとする新しい試みであるが、これが保育士の長期間にわたる専門性の向上とキャリア形成の安定化につながっていくかは未知数である。

第3章の学習課題

①教師像・教師観の三類型のそれぞれについて、説明しなさい。

②教職免許制度の基本的性格について、大学での教員養成、開放制、相当免許状主義という語を用いて説明しなさい。

③教育公務員の義務について、職務上の義務、身分上の義務という語を用いて説明しなさい。

第3章の重要ワード（登場順）

聖職者論

労働者論

専門職論

相当免許状主義

教育公務員特例法

開放制

研修

職務上の義務

身分上の義務

信用失墜行為の禁止

守秘義務

政治的行為の制限

分限処分

懲戒処分

県費負担教職員（県費負担教職員制度）

校務分掌

副校長

主幹教諭

指導教諭

付　録

教育基本法
2006 年改正

　我々日本国民は、たゆまぬ努力によって築いてきた民主的で文化的な国家を更に発展させるとともに、世界の平和と人類の福祉の向上に貢献することを願うものである。
　我々は、この理想を実現するため、個人の尊厳を重んじ、真理と正義を希求し、公共の精神を尊び、豊かな人間性と創造性を備えた人間の育成を期するとともに、伝統を継承し、新しい文化の創造を目指す教育を推進する。
　ここに、我々は、日本国憲法の精神にのっとり、我が国の未来を切り拓く教育の基本を確立し、その振興を図るため、この法律を制定する。

第一章　教育の目的及び理念
（教育の目的）
　第一条　教育は、人格の完成を目指し、平和で民主的な国家及び社会の形成者として必要な資質を備えた心身ともに健康な国民の育成を期して行われなければならない。
（教育の目標）
　第二条　教育は、その目的を実現するため、学問の自由

を尊重しつつ、次に掲げる目標を達成するよう行われるものとする。
一　幅広い知識と教養を身に付け、真理を求める態度を養い、豊かな情操と道徳心を培うとともに、健やかな身体を養うこと。
二　個人の価値を尊重して、その能力を伸ばし、創造性を培い、自主及び自律の精神を養うとともに、職業及び生活との関連を重視し、勤労を重んずる態度を養うこと。
三　正義と責任、男女の平等、自他の敬愛と協力を重んずるとともに、公共の精神に基づき、主体的に社会の形成に参画し、その発展に寄与する態度を養うこと。
四　生命を尊び、自然を大切にし、環境の保全に寄与する態度を養うこと。
五　伝統と文化を尊重し、それらをはぐくんできた我が国と郷土を愛するとともに、他国を尊重し、国際社会の平和と発展に寄与する態度を養うこと。
（生涯学習の理念）
　第三条　国民一人一人が、自己の人格を磨き、豊かな人生を送ることができるよう、その生涯にわたって、あらゆる機会に、あらゆる場所において学習することができ、その成果を適切に生かすことのできる社会の実現が図られなければならない。
（教育の機会均等）
　第四条　すべて国民は、ひとしく、その能力に応じた教育を受ける機会を与えられなければならず、人種、信

条、性別、社会的身分、経済的地位又は門地によって、教育上差別されない。

2　国及び地方公共団体は、障害のある者が、その障害の状態に応じ、十分な教育を受けられるよう、教育上必要な支援を講じなければならない。

3　国及び地方公共団体は、能力があるにもかかわらず、経済的理由によって修学が困難な者に対して、奨学の措置を講じなければならない。

第二章　教育の実施に関する基本

（義務教育）

第五条　国民は、その保護する子に、別に法律で定めるところにより、普通教育を受けさせる義務を負う。

2　義務教育として行われる普通教育は、各個人の有する能力を伸ばしつつ社会において自立的に生きる基礎を培い、また、国家及び社会の形成者として必要とされる基本的な資質を養うことを目的として行われるものとする。

3　国及び地方公共団体は、義務教育の機会を保障し、その水準を確保するため、適切な役割分担及び相互の協力の下、その実施に責任を負う。

4　国又は地方公共団体の設置する学校における義務教育については、授業料を徴収しない。

（学校教育）

第六条　法律に定める学校は、公の性質を有するものであって、国、地方公共団体及び法律に定める法人のみ

が、これを設置することができる。

２　前項の学校においては、教育の目標が達成されるよう、教育を受ける者の心身の発達に応じて、体系的な教育が組織的に行われなければならない。この場合において、教育を受ける者が、学校生活を営む上で必要な規律を重んずるとともに、自ら進んで学習に取り組む意欲を高めることを重視して行われなければならない。

（大学）

第七条　大学は、学術の中心として、高い教養と専門的能力を培うとともに、深く真理を探究して新たな知見を創造し、これらの成果を広く社会に提供することにより、社会の発展に寄与するものとする。

２　大学については、自主性、自律性その他の大学における教育及び研究の特性が尊重されなければならない。

（私立学校）

第八条　私立学校の有する公の性質及び学校教育において果たす重要な役割にかんがみ、国及び地方公共団体は、その自主性を尊重しつつ、助成その他の適当な方法によって私立学校教育の振興に努めなければならない。

（教員）

第九条　法律に定める学校の教員は、自己の崇高な使命を深く自覚し、絶えず研究と修養に励み、その職責の遂行に努めなければならない。

２　前項の教員については、その使命と職責の重要性にかんがみ、その身分は尊重され、待遇の適正が期せら

れるとともに、養成と研修の充実が図られなければならない。
（家庭教育）
　第十条　父母その他の保護者は、子の教育について第一義的責任を有するものであって、生活のために必要な習慣を身に付けさせるとともに、自立心を育成し、心身の調和のとれた発達を図るよう努めるものとする。
　２　国及び地方公共団体は、家庭教育の自主性を尊重しつつ、保護者に対する学習の機会及び情報の提供その他の家庭教育を支援するために必要な施策を講ずるよう努めなければならない。
（幼児期の教育）
　第十一条　幼児期の教育は、生涯にわたる人格形成の基礎を培う重要なものであることにかんがみ、国及び地方公共団体は、幼児の健やかな成長に資する良好な環境の整備その他適当な方法によって、その振興に努めなければならない。
（社会教育）
　第十二条　個人の要望や社会の要請にこたえ、社会において行われる教育は、国及び地方公共団体によって奨励されなければならない。
　２　国及び地方公共団体は、図書館、博物館、公民館その他の社会教育施設の設置、学校の施設の利用、学習の機会及び情報の提供その他の適当な方法によって社会教育の振興に努めなければならない。

（学校、家庭及び地域住民等の相互の連携協力）

　第十三条　学校、家庭及び地域住民その他の関係者は、教育におけるそれぞれの役割と責任を自覚するとともに、相互の連携及び協力に努めるものとする。

（政治教育）

　第十四条　良識ある公民として必要な政治的教養は、教育上尊重されなければならない。

　２　法律に定める学校は、特定の政党を支持し、又はこれに反対するための政治教育その他政治的活動をしてはならない。

（宗教教育）

　第十五条　宗教に関する寛容の態度、宗教に関する一般的な教養及び宗教の社会生活における地位は、教育上尊重されなければならない。

　２　国及び地方公共団体が設置する学校は、特定の宗教のための宗教教育その他宗教的活動をしてはならない。

第三章　教育行政

（教育行政）

　第十六条　教育は、不当な支配に服することなく、この法律及び他の法律の定めるところにより行われるべきものであり、教育行政は、国と地方公共団体との適切な役割分担及び相互の協力の下、公正かつ適正に行われなければならない。

　２　国は、全国的な教育の機会均等と教育水準の維持

向上を図るため、教育に関する施策を総合的に策定し、実施しなければならない。

３　地方公共団体は、その地域における教育の振興を図るため、その実情に応じた教育に関する施策を策定し、実施しなければならない。

４　国及び地方公共団体は、教育が円滑かつ継続的に実施されるよう、必要な財政上の措置を講じなければならない。

（教育振興基本計画）

第十七条　政府は、教育の振興に関する施策の総合的かつ計画的な推進を図るため、教育の振興に関する施策についての基本的な方針及び講ずべき施策その他必要な事項について、基本的な計画を定め、これを国会に報告するとともに、公表しなければならない。

２　地方公共団体は、前項の計画を参酌し、その地域の実情に応じ、当該地方公共団体における教育の振興のための施策に関する基本的な計画を定めるよう努めなければならない。

第四章　法令の制定

第十八条　この法律に規定する諸条項を実施するため、必要な法令が制定されなければならない。

参考文献リスト

青木栄一（2019）『教育制度を支える教育行政』ミネルヴァ書房

青木栄一（2021）『文部科学省：揺らぐ日本の教育と学術』中央公論新社

伊藤良高（2018）『幼児教育行政学』（増補版）、晃洋書房

今津孝次郎（2012）『教師が育つ条件』岩波書店

内野正幸（1997）『教育の権利と自由』有斐閣

大村敦志・横田光平・久保野恵美子（2015）『子ども法』有斐閣

小川正人（2010a）『教育改革のゆくえ：国から地方へ』筑摩書房

小川正人（2010b）『現在の教育改革と教育行政』放送大学教育振興会

小川正人・勝野正章（2008）『教育経営論』（新訂）、放送大学教育振興会

小川正人・勝野正章（2016）『教育行政と学校経営』（改訂版）、放送大学教育振興会

尾崎ムゲン（1999）『日本の教育改革：産業化社会を育てた130年』中央公論新社

小島弘道編（2009）『学校経営』学文社

勝野正章・藤本典裕編（2015）『教育行政学』（改訂新版）、学文社

川口洋誉・古里貴士・中山弘之編著（2020）『未来を創る教育制度論』（新版）、北樹出版

木村元（2015）『学校の戦後史』岩波書店

久保義三・米田俊彦・駒込武・児美川孝一郎編（2001）『現代教育史事典』東京書籍

小国喜弘（2023）『戦後教育史：貧困・校内暴力・いじめから、不登校・発達障害問題まで』中央公論新社

清水一彦編著（2007）『教育と人権』（新訂版）、紫峰図書

新藤宗幸（2013）『教育委員会：何が問題か』岩波書店

永井憲一（1993）『教育法学』エイデル研究所

浪本勝年・三上昭彦編（2007）『「改正」教育基本法を考える：逐条解説』北樹出版

西原博史（2006）『良心の自由と子どもたち』岩波書店

西原博史・斎藤一久編著（2016）『教職課程のための憲法入門』弘文堂

橋本美保編集代表（2019）『教職用語辞典』（改訂版）、一藝社

浜田博文編（2014）『教育の経営・制度』一藝社

平原春好（1993）『教育行政学』東京大学出版会

藤田英典（2005）『義務教育を問いなおす』筑摩書房

藤田祐介・加藤秀昭・坂田仰編著（2017）『若手教師の成長をどう支援するか：養成研修に活かす教職の基礎』教育開発研究所

古田薫・山下晃一（2020）『法規で学ぶ教育制度』ミネルヴァ書房

細尾萌子・柏木智子編集代表（2021）『小学校教育用語辞典』ミネルヴァ書房

水原克敏・高田文子・遠藤宏美・八木美保子（2018）『学習指導要領は国民形成の設計書：その能力観と人間像の歴史的変遷』（新訂）、東北大学出版会

文部省編（1972）『学制百年史』（記述編・資料編）、帝国地方行政学会

文部科学省（2018）『小学校学習指導要領解説：総則編：平成29年7月』東洋館出版社

山住正己（1987）『日本教育小史：近・現代』岩波書店

油布佐和子編著（2007）『転換期の教師』放送大学教育振興会

米沢広一（2016）『憲法と教育15講』（第4版）、北樹出版

おわりに

　教育法学、教育制度学の基礎的なテキストである本書の原型は、大阪教育福祉専門学校教育保育科における教職課程科目「教育経営」、およびその後継科目「教育経営と教職論」「教育制度論」の講義ノートである。それらの講義ノートを基礎として、本書の旧版にあたる『教育経営論講義：幼稚園教職課程対応』（ふくろう出版）が、2021年に刊行された。同書は、2022年度の同講義より2024年度まで3年間にわたって教科書指定され、授業内で使用された。その間、関連法規の改正を受けて、内容の修正を加える必要性が生じたため、増補・改訂を企図し、今回、版を改めて本書が上梓されたわけである。旧版を使用する中で、懇切な解説が必要と思われた箇所については、適宜補筆したため、大幅にボリュームアップされている。

　本書の執筆は、2023年の春から開始されたから、脱稿までに1年を閲したことになる。これは、生来飽き性の著者にとっては異例の長期間であったが、その緩やかな過程は愉しいものであった。本書を届ける相手の姿を、明確に脳裡に浮かべることができたからだろう。同時に、執筆期間中、自分のホームグラウンドであった「教育学」の裾野の広がりを再確認できたことに、快い興奮を感じることができたことを嬉しく思う。

　著者は、本書の内容に関わる科目を2016年から担当し、

９年目を迎えた。大阪教育福祉専門学校では、同科目は幼稚園教職課程の必修科目であり、Ⅰ部だけでなく、Ⅱ部（夜間部）を有する専門学校であるから、「勤労学生」が多く受講してくれた（させられた）ことになる。受講者、そして本書の読者が、幼稚園教諭の免許状取得を希望していること、そして彼女らの多くが保育者として就職していくことを念頭に置き、授業、そして本書が「保育者の市民教養」としての教育経営学の入門となることを念じている。著者の専門は保育学であるから、教育法学、教育行政学、学校経営論のいずれもの素人（レイマン）であるわけだが、それゆえに、一般市民から見てクリアで分かりやすい授業内容・構成となるよう、試行錯誤を繰り返し現在に至った。本書の内容が、狭義の教育制度論に留まらず、保育制度論にも及んでいるのは、想定する読者層が保育者志望の学生であるためである。

　さらに、本書の執筆の過程では、著者の本務校である大阪公立大学現代システム科学域教育福祉学類の学生が、２年次に履修する「保育者論」（保育士養成課程必修科目）、３年次に履修するゼミナール（教育福祉ゼミナールA・B）、および大学院博士前期課程の学生が「保育学概論A・B」に参加する際、そのための前提となる学修内容を振り返るためのサブテキストとしても役立つよう、意を用いた。著者は、本務校において保育士養成課程科目をメインに担当しているため、ゼミナール参加学生も、必然的に保育に関心を持つ者が多い。著者が所属する教育福祉学類は、純然たる教員養成学科ではないため、教育学を体系的に学ぶこと

のできるカリキュラムが構築されていないうらみがある。そのため、教育に関する学修内容が偏向し、その認識が十分熟成されない懸念を著者は抱いてきた。教育が制度化されている以上、その全体像をつかむための必須知識が存在する。そのようなミニマム・スタンダードとしての教育制度に関する知識は、市民教養的な普遍的必要性をもっているはずである。つまり、本書に書かれているようなことを一通り習得していなければ、教育について、何も語ることができない。教育について語る、対話するということは、個人的な独善によりながら放言・放談するということとは隔絶しているし、そのようなモノローグは、大学というアカデミアにおいては端的に相応しくない。

　本書のタイトルには、当初『教育経営学講話』を検討していた。「講話」としようと考えたのには、本書の内容は元来、授業の中で、著者が学生を前にしたとりとめもない〈喋り〉として紡ぎ出されたものであって、「講義」というように、緻密な構成のもとに整然と連ねられていく〈語り〉ではなかったからである。緻密な構成力などというものは、著者は生来持ち合わせていないし、著者の〈喋り〉を聞かされる学生たちも、そのような峻厳な構築物を期待してはいなかったと思う。モノローグの体裁をとりながらも、本書の叙述は本来的にダイアローグである。最終的には、「講話」という語の放つ抹香臭さが気になり、「入門」という語を採ったのだが、著者が教育経営学「研究」を生業としていない以上、「門に入りて後」を手引きすることはできない。著者はたんなる「門番(ゲートキーパー)」である。「狭き門」をくぐる

ことが肝要なのであり、その先は、自由に闊歩してもらいたい。

　本書は、市民的教養としての教育制度学に関する知識を獲得、あるいは再獲得するための手軽なガイドブックとしても活用できるよう、便宜を図ったつもりである。本文末尾に掲げた参考文献リストは、著者が執筆にあたって参考にした本というより、さらなる学びを深めるため、読者自身に参考にしてほしい本である。初学者にも取り組みやすいよう、学術書・研究書はなるべく避け、教職課程のテキスト・新書を中心として、入手しやすい一般書・入門書を中心に選定したつもりである。一部には、専門辞典などの参考図書（レファレンス）を含むが、それらには、公共図書館や大学図書館を利用してアクセスすることを、エートス（慣習）としてもらいたいのである。

　教職課程の基盤的科目のためのテキストと、保育士養成課程の復習のためのサブテキストという二つの役割を担うべく送り出される本書が、その当初の目標を、どの程度実現しえているか、成果の程ははなはだ心許ない。が、本書の内容をご検討いただくよりほかないであろう。読者諸賢におかれては、本書の記述に対し、忌憚のないご意見をお寄せいただきたい。今後増刷の機会があれば、その際に積極的な改訂を行うつもりである。言うまでもないことであるが、本書の執筆過程において、教育行政学、教育制度学、教育経営学の先哲の業績を参照し、そこから多くを学び得た。今後構築されていくであろう、そして構築されていかねばならない保育行政学、保育制度学のために、戦後の我

が国における豊かな理論的・実証的知見の継承は、決しておろそかにされるべきではないということを改めて痛感している。

　本書刊行に当たっては、昨年の前著に引き続いて、学術研究出版の瀬川幹人さんに編集をご担当頂いた。冷静かつ熱情的な、プロフェッショナリティ溢れる瀬川さんのサポートにより、遅滞なく本書が刊行に漕ぎつけられたことに、心より感謝申し上げる。新書スタイルのハンディなテキストを届けたいという著者の想いに、十二分に応えて下さった。衷心より謝意を表する。

　本書の成立には、大阪教育福祉専門学校・大阪公立大学において、著者が直接触れ合えた学生諸君の存在が欠かせなかったことは贅言に及ぶまい。著者の授業を日常的にサポートして下さる両校の教務スタッフ、および学生諸君に、心より御礼申し上げたい。

　本書を通して学ぶ、全ての学生の前途の多幸を祈りつつ、擱筆する。

2024 年 4 月 10 日
吉田直哉

著者略歴

1985年静岡県藤枝市生まれ。2008年東京大学教育学部卒業。同大学院教育学研究科博士課程等を経て、2022年より大阪公立大学准教授（大学院現代システム科学研究科・現代システム科学域教育福祉学類）。
博士（教育学）。保育士。専攻は教育学、保育学。

主著

『子育てとケアの原理』（共著、北樹出版、2018年）

『「伝えあい保育」の人間学：戦後日本における集団主義保育理論の形成と展開』（単著、ふくろう出版、2021年）

『平成期日本の「子ども中心主義」保育学：1989年幼稚園教育要領という座標系』（単著、ふくろう出版、2022年）

『改訂版　保育カリキュラム論講義：児童中心主義的視座からの試論』（単著、ふくろう出版、2023年）

『保育学基礎』（編著、大阪公立大学出版会、2023年）

『保育思想の持田栄一：近代・宗教・公共性』（単著、学術研究出版、2023年）

yoshidanaoya@omu.ac.jp

教育経営学入門　保育士養成・幼稚園教諭教職課程

2024年5月18日　初版発行

著　者　吉田直哉
発行所　学術研究出版
　　　　〒670-0933　兵庫県姫路市平野町62
　　　　［販売］Tel.079(280)2727　Fax.079(244)1482
　　　　［制作］Tel.079(222)5372
　　　　https://arpub.jp
印刷所　小野高速印刷株式会社
　　　　©Naoya Yoshida 2024, Printed in Japan
　　　　ISBN978-4-911008-50-8

乱丁本・落丁本は送料小社負担でお取り換えいたします。

本書のコピー、スキャン、デジタル化等の無断複製は著作権法上での例外を除き禁じられています。本書を代行業者等の第三者に依頼してスキャンやデジタル化することは、たとえ個人や家庭内の利用でも一切認められておりません。